總監
創憶學

會長超越雙贏的魔法時刻

陳秀苗◎著

保險業界的璀璨之星：堅持與智慧

中國文化大學商學院院長 盧文民

在中國文化大學商學院，我見證了眾多學生的蛻變和成就。在這眾星拱月的璀璨天空中，秀苗如同一顆閃耀的星星，她的光輝不僅照亮了自己的人生道路，更啟發了身旁的每一位同學。

當秀苗決定完成《總監創「億」學》，這部作品時，我完全不感到驚訝。在 EMBA 課程中，我清晰地記得她那堅定的目光、敏銳的觀察力，以及她對於每一次討論都展現出的深厚實戰經驗。這本書，就是她對於保險業的熱愛、她的職業生涯，以及她對於未來的展望。

此書深入探討了保險業的各個面向，從「挑戰篇」中的自我超越，到「行銷篇」裡對於市場策略的分析；從「成長篇」談到的學習和毅力，到「組織篇」中關於如何組建和領導一支高效團

隊的分享。每一篇章都是秀苗深入業界的實戰心得，每一頁都充滿了她的熱情和汗水。

我還記得，在學院裡，秀苗常常是那位樂於分享、願意指導後輩的學姊。她不僅擁有豐富的業界經驗，更具備一顆願意為他人付出的心。這本書中的「新人篇」，正是她對於新進人員的關心和期許，而「服務篇」和「願景篇」則展現了她的遠見和大局觀。

當您翻閱這本書時，不僅會感受到保險業的奧妙，更會被秀苗那份對夢想的堅持和追求所打動。身為她的老師和學院的院長，我為她感到自豪，並深信這本書將對保險業的發展產生深遠的影響。

《總監創「億」學》不僅是一本介紹保險業的書籍，更是一部人生哲學的寶典。希望每位讀者在閱讀後，都能找到屬於自己的人生方向和目標。

探索成功之路的必備指南

台北市志仁高中創辦人 王永高

台北市志仁高中董事會董事長 朱仿勳

台北市志仁高中校長 黃泓慶

　　《總監創「億」學》以其筆觸的優雅和清晰的思路，帶領讀者穿越複雜的概念和觀念，將它們轉化為易於理解和實踐的作法。這本書通過結合保險意義功能及現代人的需求分析和作者二十年個人成功經驗，打造了一個具有深度和實用性的學習環境。無論是初學者還是經驗豐富的專業人士，都能從中獲益良多。

　　書中每個章節都精心策劃，提供了廣泛的主題，從個人業績發展到團隊領導力，從創新思維到有效溝通，從挑戰高峰到目標實現，涵蓋了成功所需的各個層面。它不僅提供了具體的操作建議，還深入探討了成功背後的心理和行為模式，讓讀者能夠更深入地理解和應用於實際情境中。

秀苗將其獨特的見解和經驗巧妙地融入其中。以自己的生動故事和豐富的案例，讓讀者能夠更好地理解和親近這些易懂易學習的行銷概念。結合個人智慧和廣泛研究的結果，提供了具有洞察力和適應性的方法和市場策略。從第一章的「挑戰篇」到最後一章的「願景篇」，每一個篇章都深入探討了不同的主題，如職場中的位置策略、創意行銷、毅力與成長等等。

　　這本書不僅僅是一本關於成功的指南，更是一個關於個人成長和領導力的旅程。它教導讀者如何面對挑戰、培養創新思維、建立溝通能力和良好人際關係的發展，以實現自己的目標。作者提出的實用建議和行動步驟，能夠幫助讀者在職場和個人生活中取得成功。

　　我們要衷心向秀苗這位傑出的校友致以最高的敬意，感謝她將其智慧和經驗貢獻給這本書。秀苗的成就和領導才能是我們學校的驕傲，她為學生和教職員工樹立了榜樣，鼓舞著他們追求卓越。

　　最後，我們強烈推薦《總監創「億」學》這本書，它將為即將面對保險行銷以及面對職場挑戰的勇士們打開一扇通往成功之門的窗戶。這是一本不僅提供實用建議，還激勵讀者超越自

我、發揮領導力的珍貴之作。我們相信，這本書將對各個領域的
尋求成功的人們產生深遠的影響，並成為他們追求卓越的指南。

欲戴王冠，必承其重，欲登高峰，必承其痛

大東方保險資深集團經理　陳金國

喜見臺灣保險必勝女王陳秀苗大作，總監創「億」學問世，當年的採茶姑娘、捷運女王到登峰公司會長，錢無大小皆珍惜，獎無大小皆爭取，一步一腳印，踏踏實實，真真實實，從一無所有到一無所缺，實現人生大滿貫，工作有價值，生活有品質，全在他身上一一體現。

在過去經營壽險事業時，工作上創下許多耀眼的戰績，銷售上積累精彩的實戰經驗，今日榮休恭喜著作成書，勢必造福許多後學新進，繼續為行業做出巨大貢獻。

一場演講最大的成功，就是讓人離開後願意改變，一本書最大的成功，就是讓人放下書本後採取行動，總監創「億」學，書中不講高大上理論，而是保險生涯中的實戰，實踐，實力。

實戰～創意行銷，創億技巧
實踐～業務新人，會長總監
實力～經營客戶，獲轉介紹

　　極力推薦，書中內容讓人深受激勵，具備知識，人人可用，智慧傳承。

王者論壇的江湖傳奇

誠邦企管　李傑克

　　第一次「看見」秀苗，是在某大證券公司內訓的場合，課前主辦單位先撥放一段秀苗接受媒體採訪的影片，訪談中，秀苗談及她從業歷程的努力與艱辛，我與學員同步觀看的過程中，對她於捷運上、等紅綠燈的「陌生拜訪」留下深刻的印象，腦海中閃過一個名字「柴田和子」……第二次「聽見」秀苗，是她獲得《商業周刊》第 5 屆「王者論壇」保險業王者大獎，其區部主管非常激動地與我分享喜訊，我直覺認為絕對是實至名歸……第三次終於「接觸」到秀苗，是日至區部拜會主管，恰巧秀苗也在，由區部主管引介，才算是真正有了真實的接觸，見識了神壇上的傳說。爾後，隨著課程上的交流與互動，更感受到秀苗散發出來的熱情與魅力，她永遠給自己設定 120% 的目標、永遠挑戰別人認為的不可能、永遠與昨天的自己競賽，當然，也永遠使命必達。

當逐漸與秀苗建立友誼後，才可說是「認識」了秀苗，藉由實際客戶案例的意見交換與討論，我更真正體會到秀苗對客戶的真誠，那種無私的陪伴與奉獻，真的已經融入高淨值客戶家族成員的心中，扮演的已經不是業務員的角色，而是如同「家族辦公室」的財務顧問，或是下一代年幼子女的傳承守護者。

　　當然，除了服務高淨值客戶，秀苗對於一般普羅大眾也不忘對其諄諄善誘，協助其瞭解保險對「家」的必要性，畢竟，風險尚未發生都很遙遠，發生了又無力解決，為了讓承平時期的客戶體認風險與管理的重要，秀苗也獨創了「寶特瓶」、「停水通知單」、「地震求救電話」、「糖果紙」、「存錢筒」……等創意行銷，不僅讓客戶會心一笑，卻又寓意深遠，讓保險成為「家」最重要的防線，秀苗規劃的一張保單就是成就一家人，也是秀苗跟客戶建立一世情的開始，也是我主動請纓要成為她客戶的主要原因。

　　業務工作可說是酸甜苦辣、如人飲水，工作生涯免不了也會有低潮與挫折，如何化阻力為助力？如何轉念？人都有情緒，除了從「心」開始外，也需要一些巧思，重新爭取客戶的「心」，也是這本書精要的「心」法之一，對於新人更是無上至寶的觸媒，甚至新人應有的思維、態度、服務、精神、價值……進而，

如何善用通訊軟體等，秀苗也以過來人的經驗不吝分享，協助新人避免走錯冤枉路或撞牆後找不到出口。再者，秀苗也回饋了對組織發展的見解，結合碩士論文學理與自身組織運作的心得，可謂是「接地氣」的振聾發聵，即使是資深的業務主管也是極具參考價值。

現在的秀苗，除了繼續服務人群、行善社會外，將她一輩子的智慧與經驗化為文字傳承下來，也是她現階段非常重要的功課，對她而言，她已活出精彩的人生，轉不轉身都華麗，王者論壇的江湖傳奇，只會一直流傳下去。

熱情豪爽的人格魅力

梅汝彪

　　台灣的國泰人壽歷經 60 年，始終是居於龍頭領先地位的壽險公司，也為台灣的保險界孕育了一代又一代的保險精英人物。其中陳秀苗總監，是我所認識的眾多保險精英中給我留下深深感動的少數保險界傳奇人物。她雖然出身平凡，沒背景、沒人脈、沒學歷，卻能通過不懈的努力，以超強的意志力、榮譽心，責任感在保險業屢創輝煌，不僅年年入圍代表全球保險業最高榮譽地位的 MDRT，更在國泰人壽展業系統中榮登高峰會會長寶座，成為大家心目中閃閃發光的保險女王。更令人敬佩的是她在展業之餘，仍然保持旺盛的學習精神，抽空進修，陸續完成大學、研究所課程獲得學位，給許多年輕人樹立了活到老學到老的優良典範！

　　秀苗在剛進入保險業展業之初，由於欠缺人脈資源，於是她

藉著坐捷運的機會想方設法廣結善緣，廣交朋友，竟然也因此總結出一套獨特的《坐捷運也能成交》的展業技能，並將此成功的經驗著書出版無私分享，一時之間，捷運保險女王的稱號傳遍保險業，成為許多機構爭相邀約演講的熱門講師人選。

此外，秀苗給我印象最深刻的，還是她熱情豪爽的人格魅力，以及她所擁有的淵博深厚的保險理財知識。在最近一次我與她談話過程中，她深入淺出系統的解析保險財富管理觀念，讓我對她的專業水平深深折服，聽她條理清晰熱情洋溢的分享更是一種人生享受。也難怪她能再接再厲推出新書《總監創「億」學》，分別從挑戰、行銷、成長、組織、新人、服務、願景各個領域層面鉅細無遺的傾囊相授。承蒙秀苗總監邀請我為她即將出版的新書作序，與有榮焉。特此鄭重推薦，期待保險界新生代都能見賢思齊，以她作為學習榜樣！

從平凡走向不平凡，陳秀苗以勤奮、熱誠、專業，贏得市場口碑，樹立保險女王品牌地位。

人生三意：「創意」、「創億」與「創憶」

保險能夠改變人的一生，是一份值得尊敬的行業，我一直覺得從事保險這一行是很偉大的一件事。

蹲得越低，跳得越高，秀苗的起點比別人更低，卻能在一次又一次挑戰自己的過程中，攀上更高峰，當上會長，用創意創造出上億業績，創造美好的回憶，源自於對自己的相信與對保險事業的堅定，秀苗在為人生目標努力的當下，廢寢忘食已不足以形容專注的程度，我曾經拿牙膏洗臉，也曾經吃了兩次便當而不自覺，許多人羨慕我的高業績表現，卻沒看到我用淚水握住的一切是常人所無法想像的毅力與努力辛苦換來的。我想告訴在這個行業付出心力受盡挫折卻堅持不下去的人，如果我們距離成功僅是一步之遙，那麼為何不多堅持一下？

我一直相信只要願意用心規劃人生，就能把生命中最重要的三天：昨天、今天與明天過得充實且美好。站在巔峰處回首自己一步一步走上來的路，有心酸、有汗水，也有歡笑與感動，希望

藉由這本書，讓所有想要挑戰自己人生巔峰的人了解應該具備什麼樣的條件與想法，也希望這本書能成為讓業務員從平凡走向頂尖的一本工具書。選擇成為一個時時刻刻為客戶利益著想，量身訂做商品的壽險規劃師，而不是商品銷售員。

從 0 到 10,000,000 之間，那一個讓 0 變得有意義的「1」就是「自己」。行銷保險最重要是要先銷售自己，把誠信、真心以及專業帶給客戶，客戶才願意買單。而後面的這些 0，就要靠自己的強項、亮點與創意疊加出來，要讓自己成為客戶心中的不可替代，就要靠學習將自己的價值最大化，秀苗希望藉由這本書的出版，將自己數十年的心法與創意與大家分享，希望能將對保險的精神與愛傳承給每一個有志保險的朋友。

超越巔峰與突破自我的關鍵是不跟風，擁有創意，自能創億！希望每個人都能擁有滿億人生。

翻轉人生登「峰」造極

投入保險業，是我人生當中最重要的選擇。

在二十年前的保險業，大學生、碩士甚至博士，紛紛投入保險市場，逐漸提高保險業務員的門檻，創造難以超越的優勢，不是當初那個 39 歲只有國中畢業「學歷」的我能夠望其項背的，進入了國泰人壽之後，保險這一條路，我一走就走了二十多年，當年不具備做保險先天條件的我克服困境、異軍突起，搖身變為激勵後輩勇敢踏入壽險業最佳的詮釋。

從沒有人願意帶領，想要放生的菜鳥業務變成了高峰會的會長，我的身份不再是當初國中畢業的中年再就業婦女，而是在半工半讀的情況下能被邀請到北京大學分享和各區部單位甚至業務大會發表演說的專業講師。這如同開掛一般的人生，靠的不是哈利波特的魔法，而是老天爺對我始終如一用心努力服務客戶所給予的禮物。汗水、淚水與口水換來了讓我「滿億」的薪水。

回首來時路，我從無學歷、無背景、無人脈的三無失業婦女到能夠高分取得證照、高中、大學到碩士畢業、擔任總監、高峰會會長，且年年登高峰，這許許多多成就靠的是秀苗對客戶的愛以及「我相信我能！」的信念。

　　一個人的成功除了自己的努力，更需要貴人助益，對於人生中所有的相遇，我始終充滿感恩。因為選擇了保險，從此有了無限可能，秀苗想將這份能量傳下去，讓更多的人能夠因為保險，因為秀苗而讓人生大不同。除了每年提撥部份收入做公益行善，更期待藉由這本書分享如何用堅韌的態度翻轉一切的不可能，以及成為保險超級業務的創億關鍵。希望打開這本書的你，也能在未來和秀苗一樣擁有不同視野的「創億薪生活」。

第一章

挑戰篇

必勝女王有薪億

39 歲那一年，還是家庭主婦的我坐在水電行裡，把夾報廣告的背面攤開，開始問自己：以我現在的條件，我能夠有什麼選擇？

　　考量我的自身條件：只有國中畢業的學歷，在就業市場中等於沒有踏入最低門檻；我在成衣廠工作後嫁為人婦，當了十七年的家庭主婦之後再進入二度就業的市場，等同於跟社會脫節，加上沒有背景與人脈。將所有可以勝任的工作一一刪掉之後，保險就成為了當時唯一，也是最適合我的一條路。因為那個年代只要國中畢業就可以從事業務員的工作，而我剛好趕上了最後的列車，成了末代國中學歷的保險業務員。

　　很多人認為我不是好苗子，在競爭激烈的保險業，不僅學歷先天不足，又加上後天較慢進入就業市場，在 39 歲才從零開始累積客戶、經營客戶，在一片不看好的情況之下，連增員我的前輩都認定我早早會陣亡，這樣的我要如何把業績做到全國業績第一當上高峰會長？要如何顧及業績又讀到碩士畢業？如何能到北大演講？如何當上總監？

　　要論馳騁保險這條賽道，站在起點上的我，可以說一無所有，絕對是典型的「輸在起跑點」，但是，我從不認為我會輸在

終點。即便大家的起點都不一樣，我不過是起跑得慢一點罷了，我要做的，就是跑得勤、跑得快、跑得比別人更 SMART。而事實證明，我做到了！我把一無所有變成什麼都有，靠著就是我不服輸的精神。贏在起跑點不如勝在終點，對於一切的輕視、刁難與挑戰，我都當作是人生給我的模擬考，而我有自信一定會高分過關！

每每遇到困難，我都會堅定的告訴自己，因為我是「秀苗」，所以一定能夠通過老天爺的考驗。我也證明了在保險這條路，我不曾辜負自己的努力，成為了一棵屹立不搖的大樹，擁有讓人仰望的高度。

超越—— 120% 才是達標

如果達標是一百分，那麼我會要求自己要能夠做到一百二十分。如果登上聖母峰要走八千多公尺，那麼我會要求自己貝備有可以走上一萬公尺以上的能力，所以我能步步超越，年年登峰。

業績千古事
學習不要讓自己變「廉價」學的讓自己變「無價」

坐的位置決定視野與舒適度

當我還是新人的時候，我並不懂什麼叫做高峰會，我只知道業績達標了就可以出國去玩，也很感恩客戶相挺，每年我都保持著業績持續成長，所以年年順利入選。對於當時的我，名次於我如浮雲，只要能讓公司招待出國就行。是什麼改變了我，讓我堅定要年年突破？原本我並不在乎排第幾名，入選就是代表我可以開開心心接受公司招待旅遊，每年只要能出國，就代表我的努力、付出有代價，直到那一年，我坐在北京大會堂裏，我才認真體認到了位置與視野的重要性。

97 年海外高峰會頒獎典禮設在北京人民大會堂，場地之大讓人瞠目結舌，一整排的椅子就像一條長龍，幾乎看不到盡頭。一排總共有兩百多個位置，而我恰巧坐在第 109 號，這是個很尷尬的位置，正好在中間，只要一有動作，左右都會被影響到，如果要上洗手間，或者是有事必須要離席，往左邊走要說上一百多句不好意思，往右邊走又要說上九十幾個對不起，就因為左右都是人，加上我的體型不嬌小，這下子我更不敢動了。雖然很想上洗手間卻只能憋著，眼巴巴看著坐在前一排的夥伴能夠行動自如，在會場裡自由穿梭，我才意識到：名次決定位置，而位置決定了我的舒適度。那一刻我告訴自己，下一次，

我一定要拚上首席！

　　或許人生想要再翻一個高度就是需要一個「一定要」的理由，一個「我一定要拚上首席」的意念就讓秀苗從那之後，每年都入選高峰會，且連續十年進入首席團，甚至一路從副會長做到會長。思想改變行動，行動改變結果。位置不斷改變我的高度，也升級了我的體驗，最高榮譽也代表著最高格的禮遇，就算疫情正嚴峻的當下不能出國，首席團改在國內旅遊，我所受到的也是最高規格的招待，可以說，努力決定了我的位置，而位置帶給我的尊榮感又讓我有更大的動力去保持。

　　榮譽就是提升自身能力最大的動力！就像一旦體驗過商務艙的尊榮，就「回不去了」！一旦坐上首席團，我就不打算讓自己離開。坐在哪裡真的很重要，每一年我努力登頂高峰，為的就是可以搭乘商務艙時擁有近距離分享優秀同仁成功秘訣的專屬時間，二十名與二十一名的差別就在於可不可以站在巨人的肩膀上看世界。

市場沒有四季，只有兩季
努力就是旺季，不努力就是淡季

越簡單越有效 —— 目標設定與執行要齊頭並進

一張紅紙定「江山」（當目標大於恐懼就無所畏懼）

長期以來，我擅長為自己訂定的目標達成負責任，只要將自己對公司的承諾一一寫下來，我都一定拼盡全力達到。我很佩服那些能夠隨意開口承諾別人的人，信口說出的都是要達成什麼高不可攀的目標，或是完成什麼樣驚人的設定，但只是說說沒有行動，往往雷聲大雨點小，到最後無疾而終。訂這種設得很輕易，下修或者調整也很隨意，就算做不到了，也覺得沒有什麼關係的目標，在我看來這不叫做訂目標，而是叫做呼口號。我很自豪到目前為止，所寫下來的目標沒有做不到的。我從來不下修自己的目標，也不給自己任何藉口做調整。因為對我來講，目標就是承諾，達標就是一種自我實現。所以，我不隨便下目標，更不輕易說做不到。

每年的年末，我一定會留給自己大約五天的時間沈澱，然後冷靜地與自己對話。從十二月二十五號開始，我幾乎沒有約訪客戶，就坐在書桌前拿起紙筆，開始不斷地書寫，為下一年度設定目標。通常我會把去年的目標拿出來審視，看看已經達標的程度

是多少，然後思考下一年的目標是什麼。每一次我都會要求自己比上一次更進步一點。

訂目標的儀式感很重要。每次競賽開始之前，我固定會到書局去買一張很大很大的紅紙，將今年所設定的主題與目標寫在上面，然後貼在書房的門後面，每天回家第一件事情就是紀錄自己的一點一滴並檢討與精進，然後站在紅紙面前看，確認當天的表現是否讓自己離目標更近一點。

簡單達標三步：

第一步：審視過去，決定未來

每一年設定新目標之前，我一定會把去年的目標紅紙拿出來再看一次。如果我去年比賽設定的目標是做到1000P，那麼我會在做到1200P的時候，才把設定的數字劃掉，所以，我所達標的數字一定超過1200P。而今年我想超越過去，就會將目標設定在1500P，然後等到開賽之後，我就能保有1800P的達標。設定目標一定要鑑往知來，逐步增長，目標才能穩健達成。

第二步：設定年度主題：目標明確就能克服一切

除了設定要完成的P數，我會大大地寫上今年我為自己設定

讓夢想與工作一起前進

的主題。每一年我的競賽主題都不一樣，我會寫上「挑戰」或「再戰一回」，而我最常用的主題就是「登上高峰」，最直接明確的主題越能激勵自己。

第三步：力量來自渴望，成功來自於堅持

很多人紀錄成果是從零開始，一點一滴慢慢累積到目標設定的 P 數，但是我是反其道而行，我用減的方式來讓自己對目標的距離有感。比如說我想要完成 1500P，我便會寫上大大的 1500P，如果我今天做到了 30P，那麼我會在下面寫上 -30P=1470P，就這樣看著數字越來越少，就是自己與目標的距離越來越近，這時候我就會越來越興奮，越來越有動力。

同時，我也會在數字旁邊寫上日期，如果上一個日期是三月一號，但是下一個日期是三月八號，中間斷了整整一個星期沒有業績，那麼我會去思考究竟是什麼樣的原因造成了中斷，是不可抗的原因？還是因為自己偷懶？如果是後者，那就要加把勁再努力。業務員要保有旺盛企圖心，不要假裝平時很努力，因為業績成果不會陪你演戲。

想要達標很簡單，我們不需要把自己弄得壓力山大，不妨給挑戰加點樂趣，就像我把每次的目標設定都當成在領一個任務，

或者是開始一局新的遊戲。如果達標的過程就像在玩電動，消掉的 P 數就是我解任的數目，這種「消消樂」越消越開心，而過關的獎勵就是可以上台領獎跟董事長拍照，這多麼有樂趣啊！要謹記，方法越簡單越有效，過程越快樂越容易達標！

機會總在最難走的路上
想贏就要逆風飛行

苗準目標

◎達成目標的方法很簡單，就是「言行要一致」

◎讓行動超越期待的收入，否則目標就永遠只是口號。

◎鼓動自己強烈的慾望，明確告訴自己「我要！」，因為想要，就會有方法。

◎實力靠累積，能力靠學習，期許自己要當保險界的恆星，不願只當流星。

◎讓自己的心比別人強，目標比別人大！只要比別人更堅持，就能達到目標。

◎把目標設定在射到月亮，那麼瞄準目標，就算不小心射偏了一點，與月亮擦身而過，也能夠射到旁邊的星星。這就是「射月理論」。

◎很多人問我，為什麼可以月月達標，年年超標？那是因為我定下目標的同時，也寫下自己該要怎麼行動或者怎麼修正自己的腳步，而不是隨口應付而已。

◎一個業務員每天需要工作六個小時，訂成下個月要有二十萬的收入。這目標聽起來值得尊敬，但如果業務員的工作時間依然還是每天工作六小時不變，甚至用同樣的方式在經營客戶，那答案永遠只能收入十萬元，不可能有不一樣的結果。

成就決定舞台大小 —— 只要有實力，世界舞台讓我秀

努力讓自己升值，那麼一切都有價值

是什麼決定誰在台上說話，誰又在台下聽？不是學歷，更不是考試的成績，而是經驗與成就的高度。

常言道，台上十分鐘，台下十年功。實力決定舞台寬闊，而成就決定講台高低。雖然我的起點是國中畢業，但是我卻踏進了中國大陸的最高學府。我從來沒有想到有一天我會站在北京大學的演講廳對著全國頂尖的學霸們分享保險經驗，握著麥克風的霎那，我頓時明白了：今天的我已經超越了過去！

十年前我受邀到北京大學演講，那時候大陸的保險觀念相較保守，企管公司的負責人張先生希望以友情價邀請我為北京大學兩千名學生演講，我認為這件事情很有意義，所以就義不容辭地答應了。

演講當天早上七點多，從我住宿的飯店窗口望去，就已經看到陸續有學生聚集到會場來排隊，隊伍圍著建築物已經形成一排

盡其當然，順其自然，成就必然

長龍，一圈、兩圈、三圈盤踞著會堂。在演講的過程中，還有聽眾不斷湧入會場。一場演講下來整整超過三千人在台下認真聽講，連鄰近的清華大學學生都慕名而來，有的坐在台階上，有的坐在地上，臉上閃著求知若渴的光，拼命地抄著筆記。最後十分鐘的 QA 時間，大家拼命舉手發問，欲罷不能，盛情難卻下讓原本當天預計回台的班機前後延了三次時間，最後不得已，我只好連聲答應「大家下次見！」，然後快閃上車飛奔機場，等回到台灣已經晚上十一點多。

決定站上什麼講台，就要有什麼格局，這就是我對挑戰自我的基本態度。站在三千個人的舞臺上，我能夠泰然自若，沒有一絲怯場，是因為我有足夠的自信可以征服全場。我的自信來自於永遠用超標的基準來要求自己。當年只有大學學歷的我敢走進北大對學霸演講，因為我知道自己過去的努力、付出讓自己夠強大！站在菁英的殿堂侃侃而談，就有讓菁英服氣的底氣。

「媽媽！妳好像神一樣！原來做保險也可以這樣！」北大的演講結束之後，一起同行的兒子敬佩的眼神看著我。在家裡，我只是單純媽媽的角色，這一回，他見識到了自己的媽媽原來不是平凡無奇的歐巴桑，而是威力無比閃閃發光的保險女王。

苗準挑戰

◎我不會!從來不是藉口;我不能!從來不是理由。

◎只有行動!才能把夢想保證實現,才能把承諾保證實踐。

◎人要有挑戰才會感動不斷,永不放棄、成功 = 失敗 +1 次機會。

◎給自己一個一定要的理由,為挑戰加一點樂趣。

◎動機要充足,過程快樂很重要,開心做才能有持久的動力往前
　走。

◎位置決定視野的廣度與人生的舒適度。

◎當達標的 Check 標準是 120%,就沒有攻克不了的山頭。

◎失之毫釐,差之千里,差不多的念頭導致結果總是差很多。

◎想坐在什麼位置不要等別人安排,可以靠自己努力。

◎二十名與二十一名的差別就在於可不可以站在巨人的肩膀上看
　世界,能夠擁有一段專屬與超級成功人士對談的機會,不要再
　多堅持一下嗎?

◎每年登峰的過程,總會在最後一天半夜冷不防上演逆風翻盤的
　戲碼,如果可以「拉開距離」讓自己穩站山頂,達成 120% 還
　會很難嗎?

破局 —— 見招拆招逆轉勝

面對層出不窮的挑戰，業務員的臨場應變力決定了是否能夠找到突破點翻轉局面，神來一筆靠經驗練就出來的火候，別怕！辦法一定比困難多。

「找」一張名片 —— 守住底線換來尊敬

九十年九月三號，我進入保險業。大概半個月之後，當時有位同事拿了一張兩千九百九十四元的收費單請我幫他到客戶家收費。在那個保費還是需要親收的年代，每一筆保費都要由業務員到府收款，雖然那不是我的客戶，但因為自己還是新人，只好聽話照做的去收費。由於被告知客戶的工廠周邊有很多流浪狗，我還特地帶了一把長長的自動傘防身，拿了單子便騎著我五十西西的小歐兜邁去收費。一到客戶的工廠，我從落地玻璃看見了一間不一樣的辦公室，心想裡面坐的應該就是董事長，但是我不能太莽撞一進門就直接走到董事長的辦公室收錢，我很有禮貌地跟小姐表示自己代替同事來收費，因為我說話的聲音很宏亮，董事長聽到後，在辦公室內抬頭看了我一眼。

我把收費單跟自己的名片一起遞給小姐，就站在門口等候。我看見坐在辦公室裡的老闆接過小姐遞過去的單據看了一下，就站起來大聲吼了句：「我又不認識她，收什麼錢！」接著便用力將我的名片撕爛丟進垃圾桶。我當下很錯愕，小姐出來把收費單還給我，表示董事長因為不認識我，不可能將現金交給我。

　　「沒關係，那請你們‧老‧闆‧把‧名‧片‧還‧給‧我，因為我沒有收到錢。」我故意提高音量，讓老闆能清楚聽到我說的話。小姐又轉身進去辦公室：「一張名片而已，十塊錢夠了吧！」辦公室傳出老闆的聲音，小姐出來之後遞給我十塊錢，說是董事長賠給我的。

　　我看著那手上的十塊錢，對小姐說：「小姐，對不起，麻煩轉告你們董事長，我的名片，一塊錢可以買兩張，但是我沒有零錢找，那這樣，我再「找」給您一張！」我把九塊的零錢加上一張名片遞給小姐之後，轉身就走。

　　「小姐！小姐！」董事長聽到我對小姐這樣說，就衝出來一直叫我，他叫得越急，我走得越快，因為第一次碰到這樣的事情，我的眼淚在眼眶打轉，都快要崩潰了，我總不能在客戶面前掉眼淚，所以我頭也不回一直往前走，沒有搭理身後的叫聲。

用自信來美容
用樂觀來養生

「小姐，小姐，我們老闆想跟妳談一談！」小姐從身後追了過來，表示董事長想見我，我用接下來還有客戶要拜訪為藉口婉拒了他。當我一發動車子的時候，兇猛狗群追了過來衝著我狂吠，我被嚇得差點跌倒在地，我一邊哭一邊站在路旁揮舞著雨傘趨趕狗群。等到擦乾眼淚，收拾好心情之後，回到公司才若無其事地將收費單還給同事，告知並沒有收到保費。

隔天那位老闆請助理打電話給我，指名一定要我過去收費，甚至還打到公司的 0800 客服反應「那個陳小姐都不來收費！」因為不是我的收費單，就算我不去收費也是理所當然，我認為這件事情與我無關，也就將這件事情當作插曲，沒有理會每天的「催收電話」。

公司規定到了月底的時候，如果現金再不收，保單可能就會面臨停效，所以經理勸我，人家給我面子天天打電話來，去一次也好。我將當天發生的事情告訴經理，雖然經理也很訝異怎麼會有這樣的事情，但也客觀替我分析了情況，表示如果不收費讓保單停效，客戶可能會因此投訴，為了這點，我勉為其難地走了一趟。

「快進來！快進來！陳小姐，您坐！」第二次騎車到客戶的

工廠，董事長看到我一進門便連忙招呼，還交代小姐快替我泡杯咖啡。我心想，哇賽！這是什麼情況？我坐定之後，董事長連聲跟我道歉，表示因為覺得保險公司很煩，三天兩頭便換生面孔，加上以前都這樣對待新人，也沒察覺有什麼不妥。

「誒！我沒有看過反應這麼快的女人，妳那當下怎麼有辦法這樣回應？真是太厲害了。有沒有興趣來我們公司？」董事長表示我看起來很強悍，也很有自信，最重要的是我那「找給你一張名片」的臨場反應讓他很欣賞。

我淡淡回了一句：「董事長，您公司這麼大，也有員工跑業務，將心比心哦！如果您這樣對我，不怕自己的員工出去也會被人家這樣對待，那您願意嗎？」

董事長聽完我的直言笑一笑對我說：「對不起啦！原諒我那天對妳不禮貌的態度，那妳幫我檢視一下，我們家還需要什麼保險！我跟妳買。」

我直接回應董事長「今天我們不談保險喔！為了不影響董事長的權益，保費先讓我收回去，您的保險我回去再考慮一下要不要做。」我心想，如果你不認同我，我是不會幫你規劃保險的，

學會自我欣賞
努力發揮所長

所以我當下並沒有馬上答應。

客戶也是需要被教育的,就像我從來都不退佣金一樣,我堅持我是用心在服務客戶的專業保險從業人員,並不是路邊擺攤,所以是不可以殺價的,這也是尊重業務員的工作,而且我認為彼此尊重是關係能不能長久很重要的關鍵,所以,我的底線與邊界都守得很好。就在我收完錢,起身要離開的時候,董事長再一次問我:「妳要不要來我們公司上班?」

我這次明確婉拒了董事長的熱情邀約:「您們公司我做不來啦!因為第一個印象就不對了嘛!我們兩個沒辦法同心,我要如何協助您,幫助您的公司成長?您剛說要讓我做保險,不然我回去先看一下,如果有可以幫到您的地方,我就來幫您規劃。」

「哎,我們公司其實什麼保險都沒有。」董事長突然很感慨的說。

「對啊!看收費單也知道,一間公司怎麼可能只有一個月兩千多元的保費,不僅月繳,還很討厭業務員到訪,這肯定是為了捧場的保單。」我很自信地說。

董事長表示之前為了要打發上門的業務員，就隨便買了一張保單。我聽完之後，笑著說：「為了這種原因隨意買一個自己不了解的保單，將來出事反而是最花錢的。」董事長聽完後直點頭，表示我說的對，後來把全家人的資料都寫給我，請我幫他用最高規格來規劃全家人的保單。我規劃了一份年繳二十幾萬的保單送過去，他翻了翻建議書，二話不說，用對講機喊了老婆孩子過來簽名，從此之後我成了他家庭及公司不可或缺的財務顧問。

我常告訴新人，遇到事情的時候，只要不慌就有辦法，因為辦法總比困難多，如果當時我慌了，不僅被羞辱，還白白浪費了眼淚。今天我若不向客戶反應，就在客戶面前失去一份尊嚴，更在自己心裡添上一筆挫折，一輩子都會有陰影。所以，當客戶敬我們一尺，我們便尊客戶一丈，若是遇到了刁難，底線還是要有的，千萬不要讓眼淚白流。

想要什麼，要靠自己爭取。「一塊錢兩張」的名片，換來的不只是二十幾萬的業績，更重要的是客戶一輩子的尊敬。

「得到」你想要的結果
「學到」你買不到的經驗

最 VIP 的服務 —— 奉承比不上真誠

曾經有一次接到銀行打給我的電話，希望我去分行協助服務一位貴賓。我接到電話之後，就立刻搭計程車到那間分行。見到這名客戶後，我將他引導到旁邊的椅子坐下，表示今天由我專門為他服務，同時耐心詢問他需要什麼樣的服務。由於我性格豪爽又快人快語，該說什麼就說什麼，所有的詢問都據實以告，原本表情嚴肅的客戶，最後和我相視而笑，脫口說出「妳真的很敢講！」

我笑著問他：「那您還要不要我服務您？如果沒有要繼續的話，不然我們去喝咖啡？」

我輕鬆自在地回答讓他很驚艷：「妳很有 guts ！」，這名客戶留下一張名片，約我明天兩點到他的公司見面，之後我們就各自乘車回家。

原本以為就是件工作小插曲，回家之後，看到他的名片我才知道原來這位穿著 T 恤、短褲與拖鞋，一派美式作風，相當隨性的客戶，是位知名大公司的董事長，後來，我來到了名片上的地址，才發現一整棟樓都屬於他的公司，而且他本身就住在銀行

隔壁，走進銀行就像走進自家灶腳一樣，以往受到的都是公式化的禮賓招待，沒想到這次遇到一個像我這樣直率豪爽有個性的接待人員，讓他覺得相當特別。

正因為我並沒有像其他人一樣對他「另眼相待」，反而對他坦白直言，他相當欣賞我這樣的人格特質，表示自己到銀行是因為前不久剛將資產從美國轉回來放著，還沒有做適當的處理，於是我便建議他將匯回來的錢交由我來幫他規劃。兩年來我陸陸續續幫他規劃了好幾筆千萬的保單，後來我們變成很熟的朋友，每次去公司拜訪他，公司的小姐都不知道該怎麼招待我，因為董事長都會親自送我出來到門口。

有一次我跟他說：「哎呀！你很自私誒！」

他不解地問我「很自私嗎？」

「對啊！我這麼優秀的業務員怎麼可以只有你在用，你應該要介紹你的家人給我啊！你覺得我的服務好不好？」他點點頭，表示很不錯。

「那就對了，你認同我服務那麼好，我相信你周遭會有更多

人需要我專業的服務，但是為什麼你老婆、丈母娘都沒有介紹給我，還有你公司的總經理也介紹一下啊！」

「好啊！那妳下次來的時候我就幫妳開個會，介紹妳給我的家族們認識。」董事長很爽快地幫我揪「會」。

要一個人認同自己很容易，只要夠努力，但是要客戶完全認同甚至整個家族都能夠交付信任卻不是一件簡單的事，而我靠的就是真誠相對。坦誠以告的肺腑之言或許不動聽，但是一定是出自於真心，也特別能夠讓人「有感」。後來我在每年高峰會業績都能創新，要感謝這名董事長整個家族對我的信任與支持。

讓客戶願意交付資產的關鍵是信任；讓客戶願意交心的前提是真誠不欺。再多的人情世故，都比不上對客戶坦承以對。

異姿獨秀
·······

◎把事故翻轉成故事，靠的是臨場反應，把客戶的輕視翻轉成尊重，靠的是緊守底線。

◎遇到困難的時候不要慌，不慌就一定有辦法，而辦法永遠比困難多。

◎因為我重視你，所以你聽到的一定是我的肺腑之言。

◎坦白以告不一定動聽，但一定真心。

◎讓客戶願意交付資產的關鍵是信任，讓客戶願意交心的前提是真誠不欺。

◎服務若到位，價格無所謂，成功自然到位。

· 創造自我價值
· 提升業績能力

你有張良計，我有巧心思 —— 讓客戶心服口服靠智取

多數客戶與業務員都是從陌生相識，從保單結合，直到保單終止，一張保單的生效可能就和客戶相知相守一輩子，所以，很多客戶會用各種不同的方式來考驗業務員的「耐心與誠意」，來確保後續可以有符合期待的服務。所以越是嚴謹的客戶，就越要細心、聰明應對。

我曾經因為通過一位李先生的考驗，而在他們當地的市場聲名大噪。

當我初次拜訪李先生的時候，李先生家住老舊公寓五樓沒電梯，過程相談甚歡，收集資料、詢問需求時一切都很順利，於是我告別離開，打算擬好建議書下次再回訪。我人還沒走到一樓，就接到李先生的電話表示他還有保險相關問題不太清楚，希望我回來幫他解答。於是，我又立刻轉身從樓下爬上五樓，等李先生的疑問都解決了，我再度下樓。幾分鐘之後，我又接到了李先生的電話，他表示還是有不懂的地方需要我再來為他解釋清楚，就這樣我又再一次爬上了五樓。等到李先生第三次將我「召喚」上樓之後，我察覺到李先生應該不是對保單有疑問，而是單純地想

要藉由這樣的方式考驗業務員的耐心與誠意。在第三次離開的時候，我估計他還會故技重施，所以沒有馬上下樓，而是先將手機調成靜音，然後走到四樓的樓梯間靜靜等著，果然不出我所料，沒一會兒手機就嗡嗡地震動起來。BINGO!

我才不會笨笨地讓人家這樣呼來喚去。接完李先生的電話之後，我算好時間，加重腳步上樓，到了李先生家門口，我大聲喘著氣按門鈴，彷彿自己才剛從樓下氣喘吁吁地爬上來，就這樣一天下來，來來回回走了好幾趟，我也沒有關係，隨叫隨到。以後，每一次去拜訪李先生，他都用同樣的招數讓我來來回回爬樓梯，我也很有智慧地用同樣的方式見招拆招。

為了要能好好的服務客戶，給客戶好印象，我決定要用腦力節省體力，但是這樣並不減損我的誠意。總之，不管我必須拜訪幾次，也不管李大哥一天之內要我來回爬幾次樓梯，重新說明幾次保單，我都照樣滿足他的要求。這不是蓄意取巧，坦白說，我不得不用智取來應對，雖然我很有誠意要服務這位大哥，但是我不能傻傻地來回這樣爬樓梯，恐怕還沒能讓客戶感受到我的專業之前，我的膝蓋就先陣亡了，哪還有辦法服務客戶？我可以為了客戶的「事」跑斷腿，但是不能為了客戶的「試」走斷了腿。

笑對人生，不管多遠的路，也能走到盡頭，
與其逃避現實，不如笑對人生。

反正每次都來上幾回，我也沒放在心上，也算不清楚這樣的劇碼重複上演了幾次，有一天，這位李大哥居然親自來訪並告訴我：「妳過關了！」他告訴我大部分的保險業務員拜訪他兩、三次就不去了，只有我可以堅持到第九次、第十次，實在很難得。他表示自己有一份保單在去年滿期，總金額是兩百四十萬，這些錢想請我幫他的三個兒子規劃新保單。

　　YES！我通過了考驗！你有張良計，我有巧心思，來幾次我都不怕！李大哥至今都還因為我的「能耐」相當佩服我，碰到人就介紹：「你看！你看！那個女生就是唯一被我考驗通過的國泰陳秀苗！」從獲得李大哥認可之後，我的名號從此在市場那條街上響叮噹。

　　來自客戶的考驗是上天對業務的磨練，我們的目的是要全身而退，而不是身先士卒。像李大哥這樣必須要先考驗業務員才能交付身家的客戶大有人在，很多業務員遇到同樣的對待，恐怕還不到第三次就上火了，而我從來不會把目光放在情緒上，我的目的是要幫客戶規劃完善的保單，在這之前我無視所有的困難，我一定會讓客戶對我的用心、韌性及專業心服口服。

　　你有方法考驗我，我就有對策破解你；同樣的錯，我絕對不

犯兩次。人的體力與時間都是有限的，用腦力勝過用體力，做業務工作才能游刃有餘。我相信，只要肯用心，沒有不成交的客戶；只要肯用腦，沒有過不去的考驗。當我們把目的放在情緒之前，問題自然迎刃而解。

不要質疑你的付出
這些都會成為累積和沉澱
過程會默默鋪路，只為你成為更優秀的人

異姿獨秀

◎人生是一場馬拉松要具備百米的衝刺能力，也要具備馬拉松

　　的，「耐力」與「實力」。

◎真心為客戶著想，用善累積福報。

◎臨危要能心不亂，越冷靜越能洞悉全局，找到解決的方法。

◎衝動只會壞事，冷靜才能成事。

◎來自客戶的考驗是上天對業務的磨練，用腦力戰勝蠻力才能游

　　刃有餘。

◎只要肯用心，沒有不成交的客戶，只要肯用腦，沒有過不去的

　　坎。

◎永遠把目的放在情緒之前，問題自然迎刃而解。

◎努力靠的不是蠻力而是巧勁，客戶越嚴謹，我們要越細心以對。

◎希望：生活總有挑戰，往前就有希望，下一站就有綺麗風光。

第二章

行銷篇

另類創意，
行銷創「億」

別只想著進步，更要想著創新；
不是只有改進，還要懂得改變。

越不可能的地方越有可能——找到陌生開發的藍海

只要有心，處處都能行銷；只要肯做，哪裡都是千萬舞台。沒有什麼可以限制我們，唯一能限制我們的只有自己。打破環境限制，就有無限機會。

借力使力集客，用捷運開創一線生機

剛開始做保險的時候，簡直可以用「孤立無援」來形容。在當了十七年的家庭主婦之後，當年我三十九歲決定到國泰上班，那時候的我只有國中畢業，沒有背景、學歷與家世，加上先生從事水電生意，擔心如果我跟鄰居親友講保險，鄰居會因此嚇到不上門「交關」生意，親戚以後也不往來，所以，他告訴我：「想要做保險？可以！但是親戚朋友以及有生意往來的客戶都不能講保險。」

當時公司對於大學生有保證收入專案，但這項優惠補助，並沒有包括當時只有國中學歷的我，一切只能靠自己努力。先生的一句話更直接斷了我「緣故」的路，這讓我相當困擾，偌大的北

投，扣掉鄰居、朋友與水電行客戶的範疇，還有什麼不重疊的區塊是我可以去開發的？進無路，退無步，我這麼需要工作收入該如何是好呀？

我心中吶喊著「陳秀苗，妳可以的！不可以放棄！人生天地間，路路有曲彎，從來沒有筆直到終點的路，水能流到大海，就是因為巧妙的避開很多障礙，不斷拐彎前行。前面沒有路，就一定有另一條路等著妳！」就在此時！我抬頭看了一下駛過的捷運車廂，心中感到莫名的興奮，立刻站起來，一腳踏入捷運站坐上捷運尋找機會，從此也開拓了一片新天地，上了捷運後發現每個車廂裡都只有 5～6 位乘客，天呀！這不就是老天爺為我預備好的集客行動專區嗎？

捷運剛開始營運的時候，一節車廂平均只有五、六個人乘坐，不僅空間舒適，還有冷氣。我只要花少少的十六元，不需要下車就有不同的人出入到我的身邊來，這簡直是太棒了！而且那時候的學生與上班族多數都是搭公車或騎機車通勤，捷運上坐著的不是悠閒的貴婦就是有一定經濟基礎的人，而且普遍以女性居多，這不就剛好是我的目標客群嗎？感謝老天爺為我開了一條路！我馬上回家將筆記本、水、名片都準備好，興沖沖地準備要大展拳腳。

你的野心！要配得上你的努力

第一天，我帶著興奮的心情上捷運，只要看到有人的身旁有空位，便坐下來自我介紹。被拒絕了我就換下一個，就這樣一節車廂換過一節車廂，來回尋找可以讓我完整把自我介紹說完的人。如果餓了、渴了，我就到飲水機裝水裹腹，然後再上車。雖然我很積極陌生開發，卻沒想到一整天下來，居然沒有一個人願意耐心聽我把一句話講完。晚上十一點的時候，我帶著落寞的心情回到明德站，又碰到刷悠遊卡沒反應，閘門怎麼都不開的情況，哎！沒想到一整天都沒人願意理我，到最後連閘門都不理我，沮喪的心情就像洩了氣的皮球一樣。帶著一整天的疲憊到櫃台求救，站務小姐一檢查悠遊卡，眼睛盯著螢幕，臉上露出緊張的表情，馬上通知了站長。

　　站長很客氣地詢問我在捷運站待了十個小時的原因，我有氣無力的回答：「就……找人聊天講話」。

　　「講這麼久？」站長很訝異什麼樣的事情可以讓我從早上十點多進站，一直講到晚上十一點，講了十幾個小時……。

　　「因為對象都不一樣啊！但是我講這麼久，到現在連完整的一段話都沒有講完。」我的聲音聽起來有點沮喪。

「那我方便搜一下身嗎？」站長表示因為程序上規定，所以必須請小姐帶我去洗手間搜一下身上有沒有違禁品，另外還檢查了一下我的隨身物品。我主動將路邊攤買的 199 元包包打開，站長看了看裡面，只有一個空的礦泉水瓶、一本筆記本跟一支筆，還有一整盒名片。在確認都沒有問題之後，站長便幫我開了旁門讓我出站，還不忘親切的囑咐我「已經很晚了，妳早點回去休息。」

　　第二天，我還是明德站最後離開捷運月台的旅客。同樣在晚上十一點多的時刻，我又出現在電扶梯上，遠遠就看見站長在閘口等著我。簡單地盤查後，站長沒有為難我，目送我離開，那天我仍舊沒有任何突破，垂頭喪氣地出站。第三天結束捷運行銷，站長依然在出口處等著我，但是這一次，他手中拿著一張紙條對我說：「妳的處境一定很困苦，不然不可能需要每天這樣搭十個小時開發客戶。」

　　「妳有成交保單過嗎？」我搖搖頭。

　　「每天這樣妳不累嗎？」站長看著我。

　　「當然累啊！」我擠出一絲笑容回答他。怎麼可能不累，但

不要假裝努力，因為結果不會陪你演戲

這已經是我想到唯一能夠「不踩線」的客戶開發方式了，再累我都要繼續堅持下去。

「那妳都對乘客講些什麼？可以講一遍給我聽嗎？」，聽到站長這樣說，我馬上精神一振！這是第一次有人主動願意完整地聽我自我介紹，以及說出我可以服務的內容，於是我就完整地把我想要表達的內容一股腦兒都講給站長聽。

站長聽我講完之後，笑著把手中的紙遞給我：「這是我家的住址，還有我太太的名字跟電話，她剛好想買防癌險，妳也需要這個工作，妳去找我太太，我再幫妳跟她說一下。」

我接過了紙條，緊緊捏在手中微微發抖，心裡的激動簡直是筆墨難以形容，這難得的機會我一定要好好把握，跟站長道謝後，我轉身就走，走得超快，因為我害怕萬一站長反悔了怎麼辦？

「陳小姐！陳小姐！」我聽到身後站長叫我的聲音，不敢停下腳步，心想，糟了！他不會這麼快就反悔了吧！那這樣我不就沒有機會了。我假裝沒聽到站長的呼喚，腳下的步伐又更快了一點，一心想要趕快出站。

沒想到我一直走，他就追上來一直叫著，最後我心想，算了！沒有機會也沒有關係！當我鼓起用勇氣轉身的時候，他告訴我：「陳小姐，妳跟人講話的時候，眼睛要看著對方，要自信一點喔！」

　　天啊！真的是太棒了！站長不只是我的貴人更是我的名師，他的一句點撥，彷彿給了我一塊敲門磚。回到家我看著鏡子中自己的模樣反省，連我自己都討厭自己沒信心的樣子，連眼睛都不敢直視對方，難怪沒人願意聽我說話。

　　隔天我沒有上捷運，而是到鄰近的書局去買了一個很大的圓鏡，以及一台卡式錄音機和一箱卡帶，然後回家開始一直練習。練習微笑，練習看人的眼睛，練習怎麼把一句話表達得再順暢一點。經過一整天的練習之後，我覺得我真的可以了，於是在九月十號那一天，我又搭上捷運。因為我帶著微笑看著對方的眼睛介紹自己，展現自信就大大地降低了我被拒絕的機率，這一天內，就有了五位潛在名單。我真的是人開心了！我很感恩站長的指導提醒，從此展開我有自信的陌生開發捷運之行。

　　站長夫人是我的第一位客戶，為了做最好的防癌險與醫療險規劃，我相當慎重，除了仔細讀清楚內容條款，還用錄音機錄下

自己講的內容，反覆聽，直到自己滿意為止，我一直準備到當天凌晨三點多才放心。37843 是我永遠都不會忘記的數字，那是我第一張成交的保單金額，也是我肯定可以靠自己賺到保險費收入的證明，在遞送保單的那一天，我特別寫了一張卡片連同保單一起交給了站長夫人表達我的感謝，這開門的第一張保單，開啟了我燦爛的保險人生。

環境從來不會限制我們，限制我們的是心念。很多人害怕自己的外在及表達能力不夠好，陌生開發會困難重重，其實只要願意多花點心思，就能突破限制，我一直都在捷運上行銷自己保險，堅持每天十幾小時開發客戶，直到夜晚十一點才休息，就這樣一直到 SARS 爆發為止，前後有三年多的時間，我在捷運上創造了無數的業績高峰，規劃了無數陌生開發的保單，幫助很多家庭得到保障。

機會以秒計算，紅綠燈 120 秒走出業績

如果機會以秒計算，站在十字路口，你想的是什麼？想要創造財富，一秒都不要空等。多數人站在紅綠燈旁為了等著過馬路，而我是為了主動認識客戶。臺北市的紅綠燈動不動就是九十

秒、一百二十秒，這一、兩分鐘的時間，就是我行銷的最佳機會。可能很多人認為，這麼短的時間，發個呆就沒了，能夠做什麼？其實只要用心，業務員能做的事可多了！

用二分鐘走進客戶的生活，創造下一次見面的機會

等紅綠燈的時間真的很適合用來做陌生開發。想想，你等紅綠燈的時候在做什麼？站在客戶的心理來看，等待的時間除了滑手機跟放空，什麼都不能做，這個時候如果有個人陪你聊聊天有多好。對業務來說，行人等紅綠燈就是要過馬路，不可能中途抽身，這時候不聊什麼時候聊？

通常在等紅綠燈的時候，幾乎每一個人都靠得很近，低著頭在滑手機，我通常會在旁邊的人身上找一個亮點，開啟話題，比如說：「哎，你的項鍊好特別啊！你耳環戴一個誒，現在好流行喔！」這樣開口的瞬間，對方眼睛就會離開螢幕注意到我，接著要聊下去就容易許多。通常等紅綠燈的環境會比捷運更為吵雜，所以要注意音量跟語調，把聲音調控在兩個人可以聽得到的程度就好。只要話題一開，就可以一路往前聊，有時候相談甚歡，甚至聊到彼此忘了上捷運或上公車，有時我過站，有時對方過站，到終點站才相視而笑：「聊得太投機了，忘記要下車了！」

我在等紅綠燈的時候，通常我會排在最後一個，然後在手裡握幾隻筆，或者是抓一把筆放在我的大袋子裡備用。在往前走的時候，我會挨個跟走在我前一個的人聊天，就這樣一路往前走著，如果被拒絕了，就順理成章再往前一個聊，這樣不會顯得太過刻意，就不會造成別人的壓力。

　　很多過馬路的人是從捷運下來的，這時候我就會以國泰世華的信用卡來做為切入點，跟他聊到搭捷運一定會使用到悠遊卡，每次都需要儲值是件很麻煩的事情，如果忘了帶現金在身上，那就動彈不得了，辦一張有悠遊卡自動儲值功能的信用卡，就可以解決這些問題。如果對方願意留下資料辦信用卡，那對我來說，就是多一個潛在的客戶。如果客戶是開車來的，那我就會跟他聊起車險、第三人責任險跟驗車相關的事情，問他需不需要專人服務。

　　有的紅燈可能只有六、七十秒，那麼我就會把聊天的目的設定在加到對方的 Line，這時候，手中的筆就可以發揮它的功用了。坦白說，短短一分鐘的時間，根本聊不到什麼話題，通常我都會簡單地「噓寒問暖」，然後介紹自己在國泰人壽服務。「如果方便的話加個 Line，你有什麼需要我服務的地方，都可以隨時跟我聯繫。」

一般來說，如果時間夠，而且對方心情也很好，通常走到對面會停下來，跟我加 Line，但如果對方表示自己很急，沒時間，這時候我就會把筆遞給他，告訴他：「我送你一支筆，上面的手機號碼就是我 Line 的 ID，你不要丟掉喔！因為筆的尾端還可以用來滑手機，很好用喔！」

我每年都要訂做超過五千隻的筆，今天認識一個潛在客戶可能會送他一支，也可能一天會同時送出很多支。很多人拿到試寫之後都會覺得這支筆真的很好用，不但又細又好寫，像老人家的手不那麼靈活，拿來點手機跟平板也很方便，有些人就會多要幾枝筆給家人，沒有人會捨得丟掉。送筆的動作就是把被動轉為主動，不著痕跡地走入客戶的生活中，當他有需求的時候，看到上面的電話，就會主動跟我聯繫，這時機會就來了。

就這麼簡單？對！就這麼簡單，不要小看紅綠燈的兩分鐘，一個月歷練下來閱人無數，連判斷的眼光都會越來越精準。我曾經在進行紅綠燈行銷的時候，看見一位年約三十幾歲左右氣質相當優雅的小姐，全身名牌站在路口，看起來就不是一般家庭出身。我走過去與她交談，她也很有教養地聽我說話，這才知道她要幫公公到附近的地政局辦事，因為停車不方便，所以搭捷運。我拿出名片送給她，打趣地對她說：「如果有需要，小到個人，

大到公司，我都可以提供全方位服務，除了掃把畚箕不賣之外，我什麼都賣喔！但如果妳需要（掃把畚箕），我也可以幫妳買唷！」

她覺得我很幽默，就笑著收著名片，回家後告訴公公自己遇到了一個不錯的業務員，並把我的名片轉交給他，她的公公看見我的名片背後寫著得到過商業周刊的王者大獎，認為我的專業能力應該是值得肯定，所以與我聯繫。後來他們公司的公共意外險、員工保險以及個人的規劃都交由我來處理。

技巧要刻意練習，機會要刻意創造，同樣等紅綠燈，但我更在意抓住眼前的機會，一分鐘也要創造無限可能。紅綠燈雖短，但是要坐視機會流失，還是要把握每個相遇的可能，操之在己。就因為在等紅綠燈的時候慧眼獨具，所以認識一位很有氣質的女士，進而認識一個大家庭，而規劃了三、四千萬的保單，變成好朋友，成為座上賓，如果不是刻意創造的機會，一樣划手機一樣放空，如何能得到這樣的緣份？

守住財富，痛點就是最佳突破口

大家都知道，投資自己很重要，我不僅很捨得自我投資，我

還是個用實踐檢驗真理的好學生。我很愛學習，而且絕不浪費任何學習資源，一定會盡其所能將學到的知識運用到業務上。

在九十六年的時候，我上了人生中第一堂自費的課程，那一堂課叫做「如何幫醫生規劃保險」。雖然老師課上得好，收穫滿滿，但是我下課搭捷運出站時，坐在捷運旁的台階上，心想著自己又沒有什麼醫生朋友或客戶，為什麼平白無故花學費去上了一天的課，看著眼前的車水馬龍與人潮，感覺自己今天好像白忙了一場，我要去哪裡找醫生客戶？今天去上了一整天的課到底可以怎樣運用？

不知呆坐了多久，沒有找到心中的答案，看著車來人往，突然發覺醫院在捷運站設有接駁專車，看著一輛一輛的接駁車來來去去，我突然像是被閃電打中一般；我雖然沒有醫生朋友，但是我可以學以致用去看醫生啊！去請教醫生，看看是否像老師所教導以及講義上所寫的醫生的特質以及看看規劃是否適用，而且醫院那麼近，我為什麼不去附近醫院碰碰運氣？

有了目標之後，我便帶著輕快的腳步回家。隔天早會完，我搭車到附近醫院，趕在早上還能掛號的時間掛號看診。我特意搜尋了一下每個科別，只要是主任的門診，我都先掛號，而且我會

抓好時間，儘量讓自己是最後一位看診，如果還有其他患者，我都會優先禮讓他們看診，留到最後一個叫號才進診間。

當然！我確實是要看診，只是把握機會順便跟醫生聊上幾句。「主任，請教一下，我們老師說，醫生通常都很忙，沒有時間研究投資，都喜歡找理專服務，不愛買保險，這是真的嗎？」這是我的開場白。

醫院的醫生都很和善，笑著跟我說：「沒有啦！因為平常忙，所以去銀行辦事的時候，理專推薦什麼，覺得還不錯就會買啊！況且平時沒有接觸保險從業人員，自然沒有人幫我們，我們也不知道要如何規劃保障醫療，更不懂該買哪些保險產品。」

我當下一聽，覺得真是太棒了，不問不知道，一開口就抓到痛點：「那您接觸保險從業人員的機會來了，您需求的標準是什麼呢？您也可以介紹夫人給我認識喔！我是國泰陳秀苗……」在看診完之後，抓緊機會跟醫生聊天，並遞上名片。從此之後，醫生替我看護身體，我替醫生診斷財務，相看兩歡喜，也因此在醫院成交了許多醫師的保單。

除了協助醫生做保險與理財規劃，我也會創造機會將自己的

客戶與認識的醫生做連結。像是每年三月八號婦女節那天，我都會在醫院預約女醫師讓客戶做子宮抹片檢查。很多客戶都樂意前來，還會「好康道相報」，拉上自己的女兒、媳婦甚至是婆婆、媽媽一起來。這樣子，我又連結了更多的人，不僅利他也利己。

我常說醫生為我看診，我為醫生守住財富，相看兩歡喜，而且醫生還可以幫我的客戶看診，等於我也幫我的保戶間接地看護健康，一舉數得。當初幫「醫生規劃保險」的起心動念只是為了驗證所學是否有用，秀苗在書中分享自己到醫院親自為醫生寫保險的經歷，想要傳遞的是：「如何在別人沒有注意到的地方開發客源」。由於現在的環境跟以前大不相同，加上醫院畢竟是為病人服務的地方，提醒大家即便我們有心服務，也要謹記不要影響醫生業務以及病患看診權益。

藉著這個分享，或許可以鼓勵大家腦力激盪一下，想想，秀苗都能為醫生規劃保險了，那麼還有哪些我們以為難以接觸的群體，也可以成為我們寫保險的對象？不試永遠不知道結果。

莫忘初衷！捨我其誰！

苗準行銷
·········

◎努力就能夠得到,堅持就會被看見。

　沒有出眾的外表,沒有豐厚的背景。

　沒有高深的學歷,想成功只有靠自己努力。

◎環境從來不會限制我們,限制我們的是心念。

◎我從來只看「擁有」,不去看「沒有」,只思考「能夠」,不去想「不能」。

◎當我們思考能夠與眾不同,成就自然異於常人。

◎技巧要刻意練習,機會要刻意創造。

◎噓寒問暖＋真誠自信＋讚美亮點是找到突破口最簡單的方法。

◎紅綠燈不要等,主動認識客戶,用一分鐘走進客戶的生活,為下一次見面創造機會。

◎機會往往藏在意想不到的地方,提供工具,解決痛點,就有業績。

◎實踐是檢驗真理最好的方法。

◎選擇大於努力,格局決定結局,心態決定一切,困住一個人的從來不是年齡和身分,而是格局和觀念。

與其靠天意，不如靠設計——把單元劇變成連續劇

今天誰回來晚餐

敲開客戶的門很容易，但走入心門難。陌生開發之後想要維持溫度，就從走入客戶家中吃一頓飯開始，慢慢融入成為客戶生活需要的陪伴。

家有一老如有一寶，新人如果拜訪到老人家，就是撿到寶。當我們敲開客戶家的門，除了噓寒問暖、自我介紹，簡單說明為什麼由自己接手服務，要讓好不容易破冰的溫度可以持續，就要想著怎麼走進客戶家門。因此，秀苗建議前兩次的拜訪千萬不要講產品，但一定要想辦法讓客戶主動邀請我們到家中吃頓飯。

為什麼？因為，當客戶為我們打開了家門，我們要讓客戶也願意為我們打開心門。在吃飯的過程中，我們可以照顧到客戶的心靈，在聊天的過程中，還能夠帶到我們希望客戶知道的產品，同時可以建立更廣的客戶網路，一舉數得。

到客戶家吃飯難嗎？有難度，但如果客戶把你當朋友，就一

點也不難。其實在家的老人家非常喜歡業務員登門拜訪，因為他們多數很寂寞，平常很難找到一個能夠陪伴、聊天的對象，每天除了例行的小休閒，就是去接孫子或者是等著待會要煮晚餐等家人回來吃，所以這類型的客戶很喜歡業務員去拜訪，而這也是新人最好的突破口。

　　一般我相當建議新人要趕快建立這種陪伴關係。如果在陌生開發或者是第一次拜訪的時候，發現對方是年長的阿嬤，就可以開口聊：「晚上有幾個人回來吃飯啊？」之類開放式的問題，往往可以帶來更多意想不到的訊息。通常阿嬤的話匣子一開就滔滔不絕，有時候連平常是兒子兩夫妻回家吃飯，週末是女兒、女婿上門，子女做什麼工作，孫子有幾個，唸什麼學校，喜歡什麼……都會開心與我們分享，這就是最好搜集資訊的管道。

　　以我為例，當我大致掌握了訊息之後，一個禮拜當中，我會選客戶家中成員聚集較多的那一天為固定拜訪日，而且我會先到快炒店炒兩到三樣菜帶到客戶家中。至於要什麼菜過去是有學問的，通常在第一次拜訪客戶的時候，我會先掃描客戶家中的餐桌，看看他們都煮些什麼菜，熟記下來，那麼下次帶菜過去就不會重複。如果沒有機會現場看到客戶的飲食喜好，那就可以在過去客戶家之前先打個電話，跟阿嬤說自己會帶菜過去，這時候，

通常阿嬤會交代他已經煮了什麼菜，叮囑我們不要買哪些食物，我們就可以將客戶的喜好鉅細彌遺記錄下來。如果真不知道要帶什麼，就去快炒店走一遭吧！快炒店是業務員的好朋友，菜單上至少有八十幾道菜可以挑選，唯一要記得的是，不要選太澎湃的菜式，以免搶了阿嬤手路菜的風頭。如果客戶家裡吃飯的成員多，要記得買雙份。上門吃飯的禮數當然不可能第一次就上手，經驗多了，就能駕輕就熟。

　　為什麼要到客戶家中吃飯？前面我們提到這是為了要融入客戶的家庭，要藉吃飯的機會認識家裡的每個人；所以，我們當然要把拜訪客戶的單元劇演成一訪再訪的連續劇。但是我們也不能像台灣龍捲風一演好幾百集，一個客戶最多拜訪 4 次就要停止，接下來讓客戶等待我們出現。通常我會連續三個禮拜去到客戶家中吃飯，然後休兩個禮拜之後再去一次，接著再休一個月後再過去拜訪。為什麼要這樣？因為這樣子客戶就會很期待我們的出現，甚至還會主動打電話來問什麼時候要過去吃飯，尤其是客戶家中如果有小孫子，還會一直跟阿嬤唸：「秀苗阿姨怎麼這個禮拜沒有來？」這就是我們要的結果。

　　雖然我們是想要成交保單，但是仍會建議新人不要帶著成交的目的去客戶家中吃飯。往往帶著目的去，失望都很大。要訓練

自己，每次當客戶家的門在我們身後關上的那一刻，就要能夠把心放下。只要我們能夠廣泛拜訪，用心融入客戶的生活，就一定有機會成交保單。我知道新人難免有生活壓力，要完全不失落很難，正因為這樣，更要盡快讓自己能調適到不以成交為前提，而以服務為目的，這樣反而更容易成交。

吃飯很重要，那要怎麼讓客戶點頭讓我們上門吃到一頓飯？

拜訪客戶的時候，我們可以測試一下對方需不需要煮晚餐。我通常會抓大概四點多或者是五點的時候去拜訪客戶，這個時候如果他很匆忙，正準備要煮晚餐，就可以問：「阿姨，妳這麼辛苦，妳每天都煮晚餐給孩子吃啊？」通常阿姨會告訴我們有多少人會回來吃飯，或者是她在準備便當之類的細節，這時候就要趕快記下來，打鐵趁熱問：「阿姨妳煮飯一定很好吃，我下次一起來吃飯好不好？」通常老人家很熱情好客，不管是基於客氣或是真心回應，只要我們主動開口，百分之百他的回答會是「好」。

既然吃飯很重要，那只要能一起吃飯就好，為什麼一定要到客戶家中吃飯，約在外面的餐廳不是比較簡單嗎？那是因為餐廳吵雜，客戶容易分心，反而談不到什麼話，而且在外面互動也相對拘謹，如果是在家中，反而輕鬆自在。雖然難免也會有干擾

源，但這些都是客戶的家人，在將來都可能是自己的客戶，反而是同時有越多人在越好。

吃飯是連續劇的開場，所以，一定要有一個再來的理由。如果拜訪家裡有小孩的客戶，通常我會帶拼圖過去，告知客戶「下次再來收」，這樣就有了再度登門的理由。吃完飯之後，如果氣氛還不錯，就可以跟客戶說：「我今天跟你們吃飯好開心喔！我們家都沒有這麼多人，那我禮拜五還要再來好不好？」客戶聽到我們這麼說，基於禮貌沒有人會拒絕。

最後提醒大家，吃飯時不要談公事。在客戶家吃飯，千萬不要主動在餐桌上正經八百談保險，以免破壞了眾人胃口。那光是吃飯不聊天不是很乾嗎？當然要聊！但是一定要「巧妙」地聊。閒話家常卻是一種炒熱氣氛的方式，所以不管客戶家中的成員是什麼樣的年齡層，我們都有「其他朋友」的故事或事故可以分享。比如說，剛好打聽到客戶的媽媽有腫瘤，聊天的時候就可以加入「最近好忙，下個禮拜要簽三、四個客戶，都是重大疾病，他們有家族病史……」，或者知道他們家裡有類似工作背景，就可以提到「阿姨，我下個禮拜不能來吃飯了，剛好約客戶，他小孩在工作的時候被機器軋到手，我跟妳說，意外險跟醫療險真的很重要……」，雖然這些聽起來都像是隨口說說，聊的都是自己

服務其他客戶的工作內容，並沒有直接跟客戶講到保單，但是客戶會自動連結到自己的需求，達到不銷而銷的目的。

　　因為飯不會只吃一次，如果每次我們都講同樣的話題，客戶也會敏銳地覺察到我們想要「置入性行銷」。通常我在下一次吃飯的時候，就會改跟客戶聊儲蓄或者是投資有關的話題，比如前面巷子年紀較輕的客戶，後面巷子的客戶 28 歲，明年可能計畫要結婚或買房子，正在積極存老婆本；或是結合國外打仗，美金升息的新聞，就可以建議客戶趁美金三十多的時候贖回來；如果是年紀較長的客戶，就可以提到實支實付幫助到其他客戶的故事，又或者是某些類別的終身保險從七十五歲提高到八十歲都可以投保的資訊分享。這樣看似順口聊的話題，只要跟自己切身相關的話題，就算只沾到一點邊，客戶都一定會聽得很仔細。

　　「分享故事或事故就是在撒種子，如果再加上我們的『溫度』，時機到了就會發芽。」

保險總是按錯鈴

巧遇是天意，有時候也要靠刻意，尤其是拜訪客戶，動動腦鋪陳一下行程，就能事半功倍。

通常我安排約訪的單位是用社區來計算的，如果約訪了某一個社區，我會安排在客戶看八點檔的時段一起訪，每一段節目結束後的廣告時間我就轉場到下一位客戶。從一樓開始拜訪到五樓，剛好看完當天的節目，大家都可以休息，我既完成了陪伴，也不干擾客戶的生活作息。而且從週一看到週五，一到兩個禮拜的時間內剛好可以排完一個社區。通常，我在走到下一個客戶的過程中，我還會「順便」不小心按錯鈴。

比如說，一般公寓都是左右兩戶，如果我的客戶住在左邊的那間，我要進去拜訪前，我會先去按右邊那間的門鈴。當有人來應門，我就會說：「對不起，對不起，我按錯了！我要找的是另外一邊。」如果沒有人來應門，下一次我來的時候，還是會不小心按錯他家的門鈴，我一定要先為彼此製造第一次的「偶然」，為什麼呢？因為我要創造見面的合理性與下一次再見面的正當性。

改變才能蛻變塑造自己
過程很疼，但你最終能收穫一個更好的自己

如果因為按錯鈴跟住戶見著了面，我下一次再到同一棟樓拜訪的時候，我會刻意再去按一次門鈴，這一次就是按錯鈴的續集。

「對不起，上次打擾到您了，這個小禮物送給您，我是國泰陳秀苗，也是您對面住戶的保險業務員，如果有需要我的地方，請不要客氣！」如果我不按錯鈴，深鎖的大門永遠不會為我開。一回生，二回熟，三回就慢慢變成朋友，聊保單就不是難事了。

逢年過節我送月曆或者是門聯到客戶家中的時候，也一樣會不小心故意按錯鈴。當住戶來應門的時候，我會把手上的月曆或者是門聯送給對方：「哎呀！對不起，我按錯了，我總是左右邊分不清楚，我是國泰業務員陳秀苗，我剛好要來送月曆給客戶，這一份就送給您，不好意思打擾您了。」這就是不著痕跡地做了一次漂亮的陌生開發，後續不管是「刻意」還是「不經意」見到了面，還可以提醒對方：「我就是上次按錯門鈴的陳小姐，您還記得嗎？」

吃飯跟按錯鈴，都是一個開場，為了是未來能夠繼續。如果我們只拜訪一位客戶，沒有進到屋內吃飯認識家人，那麼自己的名單上就只會有一位客戶。如果能夠成為客戶飯桌上的成員，甚

至是常客，那麼認識的可能是一個家庭或者是一個家族，名單就變成了 1+N。如果沒有按錯鈴，我們認識的永遠就只是這棟大樓裡我原先就認識的人，當我「順便」按錯鈴，那麼這一整棟的住戶未來都可能是我的客戶。

　　人生哪來那麼多的偶遇？沒有開始，就沒有延續，把單元劇變成連續劇，全靠小設計。

擺脫軟弱猶豫的昨天，活出夢想的未來。
當你決定燦爛，山無攔，海無遮。

苗準行為
• • • • • • • • •

◎讓每個相遇都是未完待續。

◎服務若到位，價格無所謂。

◎有來有去，才能繼續，雖然陌生開發是一種刻意行為，但是如
　果可以透過一些「巧合」與「剛剛好」就能讓一切的行為發生
　都理所當然。

◎機會是自己創造的，我們與客戶之間的關係，要的不是只有一
　次的驚嘆號，我們要的是無限次的逗號。

◎相信人生不會虧待你，你受的苦你受的累，掉進的坑，走錯的
　路，都會練就獨一無二成熟堅強感恩的你！

懂得 Play，行銷不累 —— It's Show Time

　　保險要做好，專業不能少，規劃保單容易，但想要快速讓客戶打開心房並不簡單，多少人光有專業卻老是「卡門」不是沒有原因的。行銷最累的是讓客戶點頭之前的過程，想讓客戶卸下心防最簡單的方式就是來 Play 一下，小遊戲可以輕鬆做到了解客戶資訊、轉介紹、保單鏈結與觀念建立，小工具可以增進認知、協助互動，甚至可以增加購買保單或者是行善的動機。秀苗能在業界異軍突起，靠的是除了專業的硬實力，還有隨時都能秀出獨門創意的軟實力。

秀出寶特瓶，創造一見不忘的記憶點

創造記憶點 1：從曲線瓶到胖胖瓶，我是寶特瓶小姐

　　「寶特瓶！寶特瓶！」有一天我走出捷運，突然聽到身後有人在叫我，一回過頭，發現迎面而來的是自家保險公司的長官。

　　「嘿！您忘記我的名字了對嗎？我是秀苗，又秀氣，又苗條啊！您是唯一一個指定我用台語演講的人，您忘了嗎？」

人生沒有所有權
只有生命的使用權

「當然記得，我就熊熊忘記妳的名字啦！只記得妳叫寶特瓶！」。

「國泰這麼多員工，您都沒有記住，就記得我叫寶特瓶，我真是太榮幸了！」

只要聽過我演講介紹的人，可能會忘記我的名字，但是永遠會記得我叫做「寶特瓶」，所以我每一次出現在捷運站走路的時候，都會有人遠遠就很開心的喊我「寶特瓶！」我一聽到這熱情的呼喚，就知道一定是聽過我分享的人。

保險業有很多進修課程，會邀請各大高手到公司演講，也會請自己公司業績優異的人分享成功之道，但是演講者那麼多，要怎麼讓自己的形象能夠具體走進聽眾的心裡，要有一點點巧思。我的外貌沒有什麼太大的記憶點，如果沒有刻意加強形象，很多人聽過演講之後，可能就只記得「那個胖胖的講師」，而忘記我是誰，所以，我要創造一個形象，讓聽眾能把我永遠記在心裡面。於是，在做自我介紹的時候，我都會秀出照片，介紹自己是「寶特瓶」。而「寶特瓶」這三個字也一舉成功走進聽眾的心，現在進到高速公路休息站，甚至在北車或搭乘高鐵的時候，都還會聽到有人叫我「寶特瓶」。

光是提自己叫做「寶特瓶」，觀眾會有記憶點，但還不足以讓聽眾印象深刻，我通常會在演講的一開頭，就先秀出一個寶特瓶，然後分享「寶特瓶的由來」：

　　有一天我在客廳看電視的時候，突然調皮轉過頭問身邊的先生：「老公，老公，你愛不愛我呀？」

　　先生也很可愛，馬上回我：「愛啊！當然愛！因為你是我心中的可樂」

　　可是！可是……「愛就愛嘛！幹嘛那麼不乾脆？」

　　可是……可是我的可樂換瓶裝了！從這樣（比一個曲線瓶手勢），變成這樣（比了一個胖胖瓶的手勢）了！」

　　「我就是你們心中的可口可樂！」當我跟客戶說這個故事的時候，客戶永遠記得我是「寶特瓶」，而且從曲線瓶變成了胖胖瓶。

創造記憶點 2：名字與身材的反差萌

　　很多人可能不像我有這麼大的身材落差，也沒有什麼特別的外貌記憶特徵，那麼就可以從名字來發想，在自我介紹時，我常消遣自己說，阿嬤在取名的時候希望這個孫女長大後秀氣又苗條，奈何事與願違呀，我就是「秀氣又苗條的秀苗」，通常客戶

每天想一百次，不如行動一次
華麗的跌倒，勝過無謂的徘徊！

看到本人的我，加上聽到這樣的形容都會感到錯愕，慢慢地就笑出來，因為我的身材既不秀氣，也不苗條，這「反差萌」反而讓大家對我的名字印象深刻，記得這個既不秀氣又不苗條的幽默小姐是「秀氣又苗條的陳秀苗」。

　　保險公司那麼多，在客戶眼裡，初次見面的業務員如果本人沒特色，加上說話沒特點就如同過江之鯽，誰也不記得誰，想讓客戶留下深刻印象，就要敢開自己玩笑，但言語中以不輕視自己為原則，才能有機會能讓客戶知道我們的好。從中脫穎而出，平時不需要猛刷存在感，只要創造一個記憶點，就能讓客戶永遠記得你。如果能讓客戶看到某件事物就想到你，那麼你就成功跨出第一步了！

苗準心理

◎堅持就是品牌，做好就是本性，出色是我的理想，做出個人風格是我永恆的追求。我不重視名牌，我在乎創造出個人品牌！

◎記憶點是就像是 LOGO 或代表色，是加深個人品牌印象非常重要的一環。

◎廣告三要素：記憶、聯想與信念，要讓客戶記住的點，必須是「好」的那一點。

◎只要一個記憶點，就能讓客戶永遠記得你。

◎先能讓客戶記得你，才有機會能讓客戶知道你的好。

客戶的內在需求，要讓他自己發現
不是告訴他有什麼需要

秀出停水通知單，了解客戶很簡單

　　很多時候，當我們去拜訪轉介紹而來的客戶，在第一次見面的時候，最多只是了解一下對方的工作性質，總不好像過年的時候的大姑媽、二嬸婆，霹哩啪拉地就問人家，一個月薪水多少？有沒有男朋友？什麼時候要結婚？而且因為是剛認識的業務，通常客戶尚未卸下心防，所以，為了更瞭解客戶，我通常會在第一次拜訪的時候，拿一張準備好的卡片紙跟她說：「美女，如果當妳回家的時候啊，看到妳的門口貼了一張停水通知單，妳第一個反應是什麼？妳幫我寫下來。」

　　不要小看這個問題，因為對方在回答前，會經過一定的思考流程，這時我們就能夠掌握對方對於是否準備緊急預備金的概念。如果是個對未來有準備的人，可能就會波瀾不驚地回我：「先去買兩桶水。」如果是更謹慎理性的人，第一個反應是反問我：「要停多久？」再去思考自己需不需要為這次的停水做準備。如果只停一、兩個小時，那應該沒有差，但是如果要停上一整天，可能就要做出相關因應。如果停上五天、十天，那事情就嚴重了，要有萬全準備。但凡面對與生活息息相關的問題，通常客戶會很認真地去思考。

客戶對於停水通知的第一時間反應，可以透露出他們的個性、理財習慣，比如說，如果客戶是身兼家庭財務總管的人，甚至會第一個時間思考，是不是因為自己的錢不夠扣，所以才停水。從這一個小小的停水測驗，我就能夠快速分析出很多資訊。

　　而且停水通知的思考過程，是為了後續的保單說明暖身，因為短暫的停水不會影響生活，多數人都不會有什麼感覺，如果停上一、兩天，可能要思考水塔的水是不是足夠整棟樓使用，超過三天以上可能要找附近旅館洗澡，如果再多幾天，那頭疼的程度就更高。停水的過程就如同人生的突發狀況，短期還可以靠平時的儲蓄與借貸勉強渡過，如果是長期，就不是忍忍就能夠撐過去的。

　　通常在客戶寫下答案之後，我會再加問一句「你知道什麼水最甜嗎？」

　　停水通知單的答案只是測驗一個人對理財的性向，但不管客戶給我的回答是什麼，我都會告訴他們「薪水最甜！」接著再反問客戶一句：「那薪水停的時候怎麼辦呢？」

　　停水事小，停薪水事大。這樣一問，馬上就能打中客戶的

心。所以接下來，就可以跟客戶一起思考，薪水如果停了該怎麼辦的問題了。「意外停薪水的時候該找誰？找保險啊！如果有保險就不用擔心薪水被停了啊！」用停水開門，薪水思考，簡單一句話，就能讓客戶體會到「保險」的重要！

苗準心理──生活日常問答是最容易的敲門磚

◎直搗黃龍容易造成防備心，但是與自己沒那麼直接的類似情境反而能夠讓人卸下心防。

◎真正思考過的事情才會留在腦海中，任何活動設計的目的，都是為了引導客戶思考保險的重要性與必要性。

◎越容易與生活經驗連結，客戶的印象越深刻，運用生活小事來引導保險觀念，簡單易懂又能讓客戶感同身受。

◎在問答的過程中，一定要經過手寫的步驟，加深客戶對事情的感受度。

◎停水通知是進可攻退可守的問答小遊戲，一方面可以知道客戶對於緊急預備金的觀念，另一方面可以引導客戶思考如何用保險讓薪水不流失。

要喚醒別人先喚醒自己，要感動別人先感動自己

秀出地震求救電話：零壓力完成轉介紹

保險觀念因人而異，但不管是什麼樣類型的客戶都怕黏人的業務。行銷人員最忌諱窮追猛打，如果我們直接請求客戶為我們轉介紹，一般客戶會用盡一切方法推辭，我們不易如願得到轉介紹。在遇到陌生開發撞牆又不知道怎麼開口請客戶轉介紹的時候，那麼，不妨就來玩個大地震求救遊戲吧！

「我們現在來玩一個遊戲，如果現在發生地震，我們全部都埋在底下，突然聽到老天爺跟你說：「我給你打三通電話的機會讓你求救。」那這三通電話你會打給誰？」

我從不跟客戶要求轉介紹，但是我會跟客戶玩遊戲。我讓客戶模擬一下如果發生大地震，我們面臨必須要絕地求生的時候，會想要打電話給誰，然後請他們把電話寫下來。大家都喜歡玩遊戲，不僅好玩而且沒有壓力，通常這時候，客戶都會認真的思考要打給誰，以及要跟誰交代些什麼事情，並且慎重地寫下電話。

接下來，我會對客戶說：「現在，請你幫我一個忙，打電話給這三個朋友，告訴他們「國泰有一個陳秀苗，跟她買保險很

好，量身定做保單，真心為我們規劃，如果想要了解跟金融商品有關的內容，你可以找她啊，那我把你的電話給她好不好？」通常，客戶都會笑著幫我打完這三通電話，因為剛剛在玩遊戲的時候，他們的確寫下了三個他們心目中「重要他人」的電話號碼，而且我的服務很好，他們也認同，所以一定會樂意幫我打這三通電話。

「你現在埋在瓦礫堆裡了，你要趕快打電話，不然就來不及了！」我通常會讓客戶當場打電話，因為回去之後他們肯定就忘了這件事。

「他現在上班，我回去再打啦！」有時候客戶會考量對方的情況，不一定能當場接電話，所以這時候就要換個方式讓他幫忙聯繫。

「沒關係，你給他留個訊息，就說是：「國泰有位陳秀苗，服務很好，我把她介紹給你，這是秀苗手機號碼，如果你有需要，可以找他幫你服務。」客戶不知道怎麼表達，就沒有辦法傳遞我們想要的訊息，這時候可以引導客戶，通常我這樣唸完的時候，客戶手機中的訊息也同步發送出去了。

人際關係是串連的 互聯網路創造無限價值

如果客戶的「求救電話」打通了，我會跟客戶說：「哇！原來你在他心中是這麼重要可以託付的人，那我幫你們加成緊急聯絡人好嗎？」通常客戶不會拒絕我的提議，因為對方真的是他在緊急狀況下想要聯絡的人。我這樣做不但可以加深他們的緊密關係，在他們出門的時候，可以多一個人作為緊急聯繫，客戶也會很心安，當然會欣然同意。為什麼要加上這一個步驟？因為這樣我就能夠順理成章在我的手機裡輸入對方的資料，並且進行拜訪也有適當的理由。

通常我在面臨需要轉介紹的時候，我不會直接跟客戶開口，這是最笨的方法。因為這樣會給客戶帶來壓力，而且一時之間，沒有方向他們也不知道該介紹誰給我，也可能會因為想要敷衍我，隨便給出三個名字，這樣的名單是無效的。而地震遊戲剛好可以給他一個不假思索的口袋名單，這些客戶在危急當中能想出來的名字，通常不是親人就是好友，正因為是很重要的人，所以影響力夠，接電話的機率也很高。往往遊戲結束之後，三個人當中至少成交一個，其他兩個也會順理成章變成我的開發名單。

轉介紹不一定要千拜託萬拜託，玩個地震遊戲就能夠讓名單出現在手機中。開發客源是業務經常會遇到的難題，遇到難題就想辦法解決，一定要記得，辦法永遠比問題多。

加場特別秀：三張卡片找最愛

◎ 通常客戶會在緊急情況下想到的人，對他們來說就是最重要的人，地震遊戲扮演的是「轉介紹」的功能，可以是業務人脈的新結點，但對客戶來說，最重要的人不一定是最愛的人。所以，在玩過地震遊戲之後，我們還可以用三張卡片來「找最愛」。

◎ 通常我會發給客戶每個人 3 張卡片，請他們分別寫下：

你最愛誰？

你想要為他（或她）做什麼？

達成這件事情要花多久時間？

完成這件事情要花多少錢？

藉由這個簡單的過程，我們就可以找到客戶最在意的人、事、物，以及能力的落差，然後協助客戶做規劃。因為對象是客戶的最愛，他們一定會加倍用心聽我們解說，這樣不僅能藉此精準抓到目標客群，而且成交率也相當高。

◎ 遊戲能讓客戶參與其中，並能讓保險的道理淺顯易懂，這就是最好的行銷。

無固定模式傳達訊息
別讓既有的想法侷限
創造無限方法

秀出糖果紙，喚醒資產保護與傳承意識

　　遊戲不是年輕人的專屬，通常年長的客戶，絕大多數都會吃到秀苗請的棒棒糖，而且一定沒吃完，還換上了秀苗設計的糖果紙包裝。

　　有很多年紀較長，想要規劃財務管理，尤其是與遺產相關的客戶會來找我幫他們做傳承規劃。這時候，我會同時約幾位客戶一起來聊聊，可能是夫妻或者是兄弟姐妹，人數最多六個人，如果是能夠同時有三對夫妻到場是最適合的。

　　通常我不會先講一堆觀念，我會拿出六支棒棒糖分給大家吃：「大哥，我們現在來吃個棒棒糖，好久沒吃了，對不對？」大家年紀都一大把了，突然有人遞棒棒糖過來，一開始一定會很不好意思，所以我會自己第一個先拆開一支棒棒糖來吃，還會順便幫其他人也把包裝紙拆開。

　　我印象很深刻，有一位年紀最長，八十九歲高齡的大姊吃了棒棒糖，眼淚馬上就掉了下來，可見棒棒糖是多少人回憶中甜蜜的滋味，可以輕易勾起過去深刻的情感連結。

有的人想起小時候家境貧窮，想要吃棒棒糖卻從來沒捨得花錢給自己買一支，成家後有孩子為孩子買，既使有機會拿到糖果或棒棒糖都拿回家給孫子吃，不記得多少時光不曾有吃棒棒糖的感覺了，等到現在這年紀吃到棒棒糖的味道，記憶瞬間湧上心頭。就在大家百感交集的時候，我告訴他們：「來！我們現在都先不要吃了，糖吃多了身體不好！」大家聽到的時候雖然都停下了動作，但是手上還抓著棒棒糖，不知道要怎麼安放。這時候，我就拿出印了秀苗人像的糖果紙分給大家，讓大家把吃到一半的棒棒糖包起來。

長輩們常常會納悶，才含一下，吃了幾口而已，怎就要將棒棒糖收起來呢？

我問長輩們：「現在把棒棒糖放在糖果紙上不理它，明天再看會怎麼樣呢？」拋出這個問題是為了要和長輩產生互動，用請教來融入議題，此時長輩會說出各式的情況，就可以從中得知他們的擔憂。

「棒棒糖如果不包起來，明天再看會怎麼樣呢？很快就融化對不對？不然就是給螞蟻抬了去，所以要趕快包起來，防止融化。剛才你們吃棒棒糖什麼滋味阿，酸酸甜甜地對嗎？棒棒糖就

念念不忘，必有回響
不忘初心，方得始終

總監創「憶」學 | 91

是你們一生所積累的資產，經過酸甜苦辣才留下的資產，如果不妥善規畫就會像棒棒糖一樣融化或讓螞蟻（國稅局）偷偷搬走，現在秀苗的糖果紙就像是提供給大家的工具，讓大家把財產包起來，有了這層保護就不會消失了。」只要一張糖果紙就能讓大家知道保護資產很重要，這比千言萬語還要來得有效。

「我們打拼了一輩子，好不容易有一些資產可以傳給子孫，千萬不要人在天堂，子孫對簿公堂；或躺在床上，腦袋有想法，四肢沒辦法，如果我們趁現在好好規劃，就能夠把資產好好傳到子女或想照顧的人手上。」當有了秀苗糖果紙連結了資產保護意識，接下來，我再進行規劃與建議，沒有一個客戶會拒絕我。

秀苗的糖果紙很有名，上面有秀苗裝滿笑容的頭像，用一張秀苗的糖果紙包住財富，擁有這支愛的棒棒糖就能歡樂滿滿。每次演講的時候，我如果講到糖果紙的故事，一定會請在場的聽眾每個人吃一支棒棒糖，曾經在一次演講當中我就送出了一千多支，當然，他們都有秀苗的糖果紙包在上面。

我也曾經訂製了一個超大的棒棒糖，然後印了一張超大的秀苗頭像糖果紙包起來，送給董事長，因為秀苗努力拚業績，也是在守護公司的資產。

苗準心理
....

◎有時候，再多的道理都比不上一支棒棒糖跟一張包裝紙。

◎當一支棒棒糖，吃在嘴裡甜在心裡，要是攤在桌上，不是怕化了，就是被螞蟻吃了，這時候「包住」就是最好的方式。

◎為什麼包裝紙上印的人是秀苗？因為秀苗就是資產的守護者，交給秀苗就可以放心擁有資產。

◎在吃棒棒糖的過程中，我並沒有告訴客戶資產保護與傳承有多重要，但是，客戶經由吃棒棒糖的過程以及包棒棒糖的動作具體感受到了，不好好處理會有什麼樣的結果。

◎親身感受的力量遠大於言語，但是我們不可能真正讓客戶失去資產，才知道要保護自己奮鬥一生的成果，所以，藉由棒棒糖、包裝紙這些輔助的小物品，更能讓客戶感同身受，自動連結到需求。

人生最精彩的不是實現夢想的瞬間
而是堅持夢想的過程

秀出存錢筒，隨手存愛無負擔

　　給客戶一個觸媒，讓財富可以不知不覺累積，隨手累積財富，創造更多的「善」。

　　有時候人缺的不是能力，而是動力。講到圓人生的夢、買保單、做公益，很多人會覺得遙不可及，自己平常連錢都存不下來，怎麼可能會有多餘的錢去買保險，更不要提捐款了。其實，客戶不是存不了錢，而是缺少一個造夢的觸媒。

　　國泰高峰 20 那一年，秀苗榮幸擔任了第二十屆高峰會的會長，為了回饋客戶對秀苗的支持，我訂製了一批上面雕刻了 MDRTICARE 以及「業績發光，愛心發揚」字樣的橡木桶造型的存錢筒送給客戶，一方面作為對客戶的感恩，一方面希望能夠拋磚引玉，讓大家一起「錢幣零存，愛心整付」，為這個社會的公益進一份心力。

　　因為這批原木製的存錢筒非常有質感，放在家中的任何一個角落都適合，所以客戶很喜歡，都將它擺放在家裡最明顯的位置。有時候如果客戶家中有孩子，我還會一個人送一個，告訴他們，最好是放在門口的鞋櫃上，只要有零錢就隨手丟進去，這樣

不知不覺就能累積財富，無痛存款。

　　雖然動機很重要，但是沒有提示，行為就不會發生。人人都想存到錢，刻意要存錢卻難上加難。有了秀苗存錢筒這一個簡單的提示，不知不覺就讓客戶存錢變成了習慣，而存到錢的喜悅與用錢來完成目標的成就，又能加強客戶繼續存錢的動作。像這樣的存錢筒，我總共送出去超過一千兩百個。常常有客戶打電話問我：「秀苗！我的存錢筒又滿了，現在有什麼可以捐的項目？」這就是滴水穿石的力量。

　　有些同業聽到我分享存錢筒的故事，也興致勃勃地訂製了存錢筒，卻堆在倉庫生灰沒有送出去，這相當可惜。存錢筒是很棒的禮物，因為它不像年曆或者是食物有時效限制，我們只找到機會就可以把這一份有意義的禮物送出去，創造累積財富與行善的動力。因為我們送給客戶的這份禮物並不會消失，反而能夠留住財富，就像是保單一樣，可以為客戶創造更好的未來。

　　如果客戶與保單成交的距離只差了一些錢，那麼，我們能不能想法子幫客戶無壓力買保單呢？當然可以！只要秀出存錢筒，就能讓客戶隨手存愛無負擔。不管這筆錢，客戶是用來買保單愛自己，還是用來熱心公益愛社會，都是很棒的！

人生如箭，開弓無悔
人生如坡，上下皆難

苗準心理 —— 行為是需要設計的

◎舊習慣＋錨點＝新習慣。

◎有時候做不到不是能力不足，是方法需要修正。

◎想要建立習慣，就是在原來的舊習慣上加上錨點，就能夠觸發新習慣的形成。

◎以存錢筒為例，一般的男孩子回家之後，第一件事會將口袋的鑰匙與零錢掏出來放在鞋櫃上（舊習慣），加上存錢筒（錨點）之後，就會變成回家後把零錢放進存錢筒中（新習慣），不知不覺便能將錢存下來，這就是行為設計的妙用。

第三章

成長篇

恆毅力打造恆億力

一切的困難都是為了幫自己變得更強大

恆毅力（Grit）的字面意思是「心理學中一種正向的特質，是追求長期目標的熱情與毅力，為了達成特定目標的強大動機。」安琪拉・達克沃斯

「恆毅力」這三個字曾經風靡一時，我相當認同堅持的力量，但是這不代表要我們把吃苦當吃補。在保險這一行，光是吃苦並不能帶來幸福的未來，我們可以把恆毅力聰明的轉換成恆億力，無論是在面對拒絕、挑戰、困難與學習上，都能保持源源不斷的熱情與毅力締造好業績。

秒轉乾坤好薪情

有百年的大樹，沒有百年的草坪；頂得住壓力才能出頭天

當別人拒絕我們，第一件事情要問的是，如果我已經盡到本分，那就接受被拒絕的事實，因為那不是自己本身的問題。我們要做的是立刻整頓好心情拜訪下一位客戶。

業務員一定要有快速轉換情緒的本事。一名業務每天要拜訪

的客戶那麼多，不能帶著被上一位客戶拒絕的不愉快心情去面對下一位客戶，所以，要培養自己「翻臉比翻書還快」的心情轉換技能。每次結束拜訪的當下，不管結果如何，一旦我站起來準備離開座位，就告訴自己馬上要變美、變自信。

自我調適的能力很重要，要練習「什麼都要看得開」。只要讓自己保持隨時都很專業，成交就能不求自得。

這世界上不存在任何一個沒有被拒絕過的業務。

我們每天都可能被客戶拒絕、被機會拒絕，或者被命運拒絕的時候。被拒絕是正常的，不需要放大去看。在被拒絕的當下，我不會覺得難過，因為我心裡想的是：「我已經告訴你需要的是什麼，你拒絕我，是你的損失，我並沒有損失，因為我是一個很有福報的人。」當我們跟客戶分享保險是因為那是他真正需要的，那我們就是盡了本份與責任，如果被拒絕，損失的人並不是我，所以，被拒絕真的沒有什麼。

市場商機無限，取決於思維

轉換力決定成交力

當機會拒絕我，轉念就什麼都有。

在 106 年的時候，我將自己的目標設定在進入新加坡高峰會的首席團，因為首席團可以近距離接受董事長的指導，所以我一定要進入前二十名，成為首席團的一員。我預估做到 1000P 就可以達到目標，而且也努力做到了 1304P，不僅完成甚至還超過自己 120% 要求。我以為已經勝券在握，滿心歡喜地等著公佈結果，結果揭曉，第 21 名！我當下的心情跌落谷底，呆若木雞這個詞已經不能形容我，我整個人都石化了！

361 塊台幣的差距讓我與首席團擦身而過，第一次不知道該怎麼面對設定的目標沒有達成，當下我便衝動地搭著捷運從北投一路坐到中正紀念堂站，茫然地走著，最後，我在中正紀念堂找到一個沒有人的角落，蹲坐在那裡哭。我那麼努力，而且還超額達標，但是怎麼會 21 名？！這就像長年都是第一名的孩子突然之間拿了第二名一樣，這叫我怎麼接受？我一直哭到天黑，回到家之後完全失去了動力，心頭一直縈繞著：為什麼啊！我那麼努力，那麼堅持，為什麼沒有拚上首席！

我一直都是目標明確的人，而且堅定地相信只要努肯力就可

以創造奇蹟。每一年我都不斷超越自己，但是這一次強烈的失落感卻把我的自信瞬間被打趴。差不多一個多月的時間裡，我困在消極的情緒裡走不出來，雖然我每天還是堅持去拜訪客戶，但是只有我自己清楚那個不斷電的「秀苗發電機」卡住了。一方面「努力是沒有用的」挫折感一直縈繞著我，另一方面我不斷懊悔自責自己沒有早一點報件。我不斷一直問自己，我都做到這麼多了，根本沒有任何不上首席團的理由，就算手頭上還有沒報上去的 P 數，也根本不會影響結果才對。

三月二十號當天五點鐘是比賽截止的時間，由於自己希望可以多做一些業績，所以打算抓在截止時間前再將手頭上的件繳回，沒想到計劃趕不上變化。在四點多的時候，我接到二兒子出車禍的電話通知，剛開始的第一通電話打來，我以為是詐騙集團，所以不予以理會，結果第二通電話是兒子交大研究所的同學打來的，我立刻放下手邊所有的事情衝到國泰新竹分院，腦子裡只有自己孩子的安危，顧不及自己手上還有業績沒有繳回，當然來不及上繳的件數就也不能做數。

我很懊悔，那天明明有時間可以早點處理，我為什麼不三點多就回辦公室把件繳回？挫折加上悔恨，我不斷自責，就算我還是把快樂帶給客戶，但是強顏歡笑也沒有辦法抹去心裡的難過，

心能篤定 成功便是一定

直到那天蔡董事長親自打電話給我，他告訴我：「業績是長長久久的，孩子的健康、家庭的和樂是永遠的，孩子沒事最重要。妳這一次還是首席，是一般團的團長，是第一名！」

對啊！孩子沒事是我賺最多！董事長的這一席話，讓我立刻滿血復活，隔天馬上生龍活虎，成交不斷。一次沒有進入首席團並不能打倒我，我依然是優秀的陳秀苗，何況我還贏了後面一千多名的同仁。而且，下一次的輝煌從這場比賽結束的當下就已經開始了，我如果早點想通，賺得更多！

上不去就走出去，條條大路通業績
當命運拒絕我時，要懂得為自己負責。

我的人生當中最低盪的點只有兩個，一個是因為些微差距而與首席團擦身而過，另一個就是疫情爆發後，無法再坐捷運去行銷。不能與客戶近距離聊天，我盯著手機裡三百四十七個客戶的名單一直看，真的覺得很挫敗。

翻開自己的日記，在捷運上開發的日子是那樣的精彩有趣，

我的人生每一天都充滿挑戰，正因為不確定會遇到什麼人，發生什麼有趣的事，所以我沒有框架也沒有包袱，眼裡只有客戶的需求，這是多麼有意義的生活，現在居然不能上捷運了，老天爺怎麼跟我開這麼大的玩笑？！我好不容易找到一條路，就這麼硬生生斷掉！我一直發愁到半夜，輾轉難眠，不斷問自己，現在經濟受到這麼大的衝擊，我不能停在這裡，我該怎麼辦？

　　雖然難過極了，但不能因此停下腳步，心想，我的服務這麼好，如果我只有手上這些名單，那麼，我何不讓他們替我轉介紹？有了這個想法，我也就安心了許多，我的服務好是有口皆碑的，所以我有自信大家一定會「呷好道相報」，於是我決定走出去拜訪自己手頭上已經有的客戶。

被罵就是消業障，感謝客戶點光明燈
當客戶拒絕我，檢討完就有好結果。

業務員最怕的事情之一就是被客戶罵，其實現在人的知識水平與教養都很好，所以很有口德，要被客戶破口大罵其實也有一點難度。不過如果真的遇到被罵的時候，千萬不要越罵頭越低，這樣客戶只會越罵越上頭。

被客戶罵是因為常換業務員或者是對跟之前其他業務行銷的產品理解不同產生了誤會，碰到同公司的業務總要發幾句牢騷，所以，不需要太放在心上。秀苗的客戶都對秀苗超級好，鮮少遇到客戶罵人的場面。第一個當然是因為我的專業與敬業，客戶愛我都來不及了，怎麼捨得罵我？第二個是因為他們想罵也罵不下去，當他們罵我的時候，我沒有低著頭滿臉委屈，我反而一直笑，嘴角一直往上揚，客戶罵到一半都愣住了，問我為什麼這樣罵我，我還笑得出來？

「你知道現在的人要罵人有多難嗎？你願意罵我就是在幫我消災解厄，這就跟點光明燈一樣，你罵我一次我就賺五百，你罵越多，我就賺越多啊！」客戶聽我這麼說，反而罵不下去了，覺得我很可愛。

做業務工作，被客戶責罵在所難免，但是我們不能被白罵。運用最簡單又最有效的方法－微笑，把客戶的理智線拉回來，我們才有可能真正了解客戶不開心的原因，找到解決的方法。

秀出調適力

◎反省是在打壓自己，檢討是在求進步。

◎我從不反省自己，反省只會讓自己在不好的地方打轉，我檢討自己，檢討可以讓自己翻轉人生。

◎山不轉路轉，路不轉人轉，念一轉，人生就轉。

◎客戶罵越多我賺越多，不怕客戶罵，就怕客戶不開口。

◎當不想堅持的時候，回想訂下目標時的初衷。

◎把身體放軟，颱風刮風你都不怕，因為你是貼在地上的。

當一件漂亮的衣服，不當被壓扁的褲子

　　人在江湖飄，哪能不中招，尤其不招人忌是庸才，只要是有能耐，在自己的領域有所成就的人，難免身後都要插上幾支箭。秀苗在保險業奮鬥的日子，走過無數風雨，感受尤其深刻。想站在高處難以避免的就是來自四面八方的批評指教，我們常常會遇到很多嚼舌根的路人，可能是因為眼紅妒忌，可能是因為自身修為，拼了命對我們所做的一切指手畫腳。如果我們總是被別人的情緒牽著走，什麼都要忍受，那麼我們就像褲子一樣，只能任其壓扁，坐在泥上就沾泥巴，坐在地上就沾灰，不僅外在承受沙土，內部更要承受難聞的屁味，過得異常憋屈。

　　做業務這一行特別容易遇到「挑戰」，業績的背後往往藏著大家看不見的辛苦，無論是來自於長官的壓力、家人的不諒解或者是客戶的考驗，在在都磨練著一名優秀專業保險從業人員的意志與信心。我從不跟生活拋過來的糟心事正面對抗，我會轉念，把自己拉到更高的層級去看待。沒有人比我更了解站在不同高度之後，在心境上的差別。站在平地會聽到有人罵自己，站在高處會感到有人在對自己喊話，站在至高點會感受到一片平靜與安詳，放眼皆是壯闊河川與秀麗風景，那個罵人的身影只剩下微小

我 擇一業 終一生，活出屬於自己的風采

的一點，看都看不見。那也是為什麼我一直要求自己要不斷攀登高峰的原因，不只是要站上業績的高峰，更要站上修為境界的高峰。

　　我常覺得人活在世上，就應該要成為一件美麗的衣服，永遠體面雅緻，奪人目光，而不是滿佈皺褶的褲子，什麼都要承擔，因此，遇到別人的情緒投射或者是蓄意抹黑，我都會笑著告訴自己：「這世上，沒有跨不過的河，也沒有邁不過的坎，很多時候，能否放得下，都得看當下自己心境的調整，生活真諦就在於寬恕，釋懷與忘記之間，一切都是最好的安排。」

秀出屏蔽力

◎自我認知決定了這個世界的模樣。

◎時刻提醒自己,不要陷入別人的喜惡與情緒中。

◎我沒有那麼多時間回應不重要的雜音,因為我還要往下一個目標前進。

◎我們無法決定他人的言行,但是我們要當件衣服,還是做件褲子,是可以自己決定的。

◎決定一個業務員是否專業的要件之一就是無論發生什麼狀況都能夠理性且自信地提出對客戶最適當的建議。

一個人的本事 是流量不是存量

毅力不搖有成億

現在的年輕人想要有成就最需要的是堅持，但最難做到的往往也是堅持，如果遇到否定就打退堂鼓，那麼永遠沒有機會證明自己，更不用說成交千萬保單，創造上億業績。

用三封「情書」追到客戶

我最大的優點可能也是我最大的缺點：我沒有辦法忍受別人輕視我的眼光。一旦我敏銳察覺到了對方不屑的眼神，那我一定會告訴自己：「你就是我的期末考，我一定要考過，我一定要征服你！」就靠著「我要爭一口氣」毅力，用三封「情書」換到了不可能的機會，更因此得到了客戶的信任與肯定。

曾經我的客戶在家族聚餐的時候介紹了家裡的兄弟給我認識，其中排行老么的弟弟是一位連鎖企業的董事長，對我這樣歐巴桑形象的業務員相當不認可，直接否認我的專業，也不願意給我任何一絲機會。雖然我當下面帶微笑忍氣吞聲地沒說什麼，但我回家之後，想著的都是要用什麼方式突破對方的心房，讓他認可我的實力。

因為知道他有在早餐看報的習慣，於是我寫了封信，請他家的煮飯阿姨幫我轉交。第一封信送過去的時候，整整一個禮拜都音訊全無，我的信件彷彿石沈大海一般。我後來又寫了封一樣內容的信：「先生您好，其實我真的不是你心目中的那種歐巴桑，因為我腦子裡是有東西的，是不是能請您在平常日的晚上撥出半小時的時間，讓我有機會自我介紹，讓你真正認識我。」又再請煮飯阿姨幫我放在早餐的報紙上。第二次過去的時候，我帶了小禮物送給幫忙的早餐阿姨，謝謝她願意幫忙穿針引線。

　　幾天過了，我突然在早上七點二十分的時候接到電話，希望我能在十分鐘之內到他家。雖然路途不遠，但由於太過突然，而且我一向堅持不管是外在還是內在，只要客戶見到我的時候，一定是我最好的一面，只有十分鐘怎麼夠我打理、準備，以及到對方家中？所以，我當下並沒有放下一切急匆匆趕過去，反而是跟董事長表示：「因為時間太急了，10分鐘我不確定是否能夠平安到達，謝謝你，為了不造成彼此的遺憾，我只好放棄這次的機會。」

　　接下來，我又寫了第三封信過去：「感謝大哥，我真的好榮幸，也好興奮，可是因為十分鐘要趕到真的太急促，我真的很怕有萬一，會留下你一輩子的遺憾，為了避免這樣的情況，所以我

決定放棄你給我的機會，能不能再麻煩大哥約在一個我們互相都從容的時間，我一定竭力為您服務。」就這樣，這封簡單的「告白信」轉交到對方手上的隔天，我便接到電話，約我明天下午兩點鐘到他公司詳談。

　　董事長給我三十分鐘的時間展現自己的實力，我也相當清楚地把他家人的保單以及房地產的相關資訊都說明得井井有條，鞭辟入裏。大哥聽得津津有味，讚嘆我的深度遠超過他的想像。在相談甚歡的氣氛下，時間很快過去了，我並沒有戀棧，馬上站起來：「對不起，我們今天約定的 30 分鐘時間到了，我怕您接下來有行程的安排，如果您想進一步瞭解，我們可以再約時間。」機會這麼難得，好不容易約到了對方，我為什麼不把握機會繼續講下去？因為我要有「後續」。這就像男生好不容易用情書約到了心儀的女孩，怎麼可以只約一次見面，所以我不會把機會一次用完，我不斷在創造下一次見面的可能性。

　　「妳這個歐巴桑也太厲害了，什麼都能講！」大哥毫不保留展現他的激賞。我知道我成功讓他信服了我的實力。「大哥您的身上也有我辦不到的，您真的太優秀了，有那麼多連鎖店，同時也能把房地產業經營的有聲有色。」後來這位大哥只要看房子，都會喊上我跟著「見習」。有一次，大哥請我吃完晚餐之後，我

告訴他：「這樣子好了！都讓您請我吃晚餐了，那我免費幫您把保單總整理一下！您把買過的保單都拿來給我吧！」

結果，這位大哥立馬撥電話請煮飯阿姨用菜籃子把七十幾份保單拖過來，滿滿一菜籃的保單多數都是為了捧場而買的，其實這樣的保單往往安慰性質大於實際，因為重複的保單太多，而且保額過低，就算買了一堆，這七十幾份保單也比不上好好規劃而買的幾張保單，所以我幫大哥重新調整保單，做了完善的規劃。

當機會來敲門，我們要準備好自己，如果機會不來，那我們就要有自己去敲門的勇氣與堅持到門開的毅力。如果當初沒有我拿出送情書的毅力追到證明自己的機會，就不會有後面源源不絕的成交。面對機會，我們要勇敢爭取，更要堅持到底！

瞄準心理
· · · · · · · ·

◎業務員最終希望的不只是證明實力，而是成交保單，以下有幾
　個業務小眉角要跟大家分享：

第一、找到對的人幫忙。

第二、掌握節奏，不要見獵心喜。

第三、見好就收，留下伏筆。

第四、站在客戶的角度，先客戶之憂而憂。

第五、把功勞做給對方。

學力飆出薪高度

很多人喜歡把學歷跟專業綁在一起，一般刻板印象也認為學歷就等同於專業能力，其實我也認同學歷高在客戶面前感覺比較有能力把事情處理好，但是多年的經驗告訴我，想要業務工作出眾，擁有漂亮的學歷不如擁有超強的學力。學歷在任何行業都只是受大眾認同的一張入場券，但學習力才是可以一票暢玩到底的職場園遊券。

用研究精神找超級賣點與精準客群

業務員一定要精通自己領域的專業，尤其一定要隨時保持求知若渴的心。

大部分我做的事情都跟其他業務員是一樣的：研究 Case、拜訪客戶、勤勞學習、努力做業務。但為什麼我的業績就是能夠遠遠跑在前面？我認為最大的差異在於：對於「研究」這件事的投入程度。

我很喜歡學習，除了國泰五大學院的課程都上完了之外，我

訂定理想的目標，認清自己的想要、需要
不要替目標設限，「自我設限」「是人生最大的障礙」

還特別喜歡研究條款,所以,客戶常說:「秀苗是字典,不懂,問她就對了!」研究精神讓我的專業獲得客戶高度的信任與認同。同樣的事情,我比別人做得更深更透。別人花三十分鐘看檔案,我則會花上兩個小時去研究,把當中的每一個字都弄清楚,徹底了解客戶的需求,所以我規劃的保單特別能切中客戶的心裏。

　　我還有一個好習慣,就是每當公司有新保單上市,我一定在當晚就熟讀保單,把每一條每一款都弄清楚,在研究的同時,腦海中自然而然出現適合這款產品的客戶名字,我便立刻拿筆記下來,隔天就安排拜訪客戶,因為我知道客戶需要這類型產品,所以目標客群相當明確,通常我只要拜訪就會成交。

　　很多業務會覺得自己跑客戶都沒時間了,哪來時間一條一款的看保單?但是我不同,我認為研究保單雖然要花很長時間,但行銷就如同打棒球,空有努力卻沒有效益是沒有用的,就好像好不容易爭取到上場打擊,卻頻頻落空換來三振出局,還不如看準來球一棒命中,這樣省下的時間更多。決定打擊率高低的,從來都不只是打擊的力度有多強,或者是打擊的次數多少,而是精準的命中球心。

研究精神還讓我找出別人無法發現的超級賣點。我還記得有一年公司正在舉辦高峰會競賽，12月20號那天公司突然間出了一個新商品叫做祿美利，當天五點公告掛在網路上，隔天才會有說明。由於我那天晚上的精神很好，所以我想先來看看新產品的內容，沒想到研究保單條款的時候，我越研究越興奮，一路看到早上四點多。我發現這是國泰第一張「類信託」保單，只要是前所未有的保單就代表會有前所未有的成交契機；只要針對有需要的客戶行銷，就幾乎能夠成交，也因為研究了這份新保單，所以我創造了逆風翻盤的業績。

那一年我真的很想當會長，我的客戶大多數能買的保單都買了，雖然都很想挺我，但是能夠支持的有限，沒想到這個新產品真是及時雨。我隔天開始跟需要的客戶做說明，由於「類信託」不同於全額支付的保單，投保金額越高，客戶對日後領回的金額就越有感，很多客戶都做大額的保單規劃。由於我的研究精神讓我找到亮點，又在別人還不清楚保單內容是什麼的時候，就已經搶到了先機，找到精準的目標客群，讓我登峰的夢想成真，我真的當上第二十屆的高峰會會長！

每隻菜鳥都有鷹的夢想，逆風的方向更適合飛翔

用學力超越學歷——起點不能決定終點

江山代有新人出，現在進來保險這個行業的新人學歷一個比一個高，反而現在要找一個高中學歷的新人還不多見，這也激勵了我要在學習上面更精進。因為我始終相信，起點不能決定終點，年紀不是原地踏步的藉口，在專業的領域能走多遠是實力決定的，而不是年紀。

誰說奔六的年紀腦袋不靈光？只要我願意，在什麼地方都能夠拔尖。

拿著國中畢業學歷進入職場，我一直到了 45 歲才開始讀高中，在 48 歲的時候才開始讀大學。由於我格外珍惜學習的機會，所以在高中的學業成績每年都是前三名。要相信努力一定會被看見。我高中還沒畢業，文化大學的主任就來「挖角」了，而大學還沒畢業便已經有老師「加定」我當他碩士班的研究生了。

我讀大學跟讀研究所的時候，是業績最高峰的期間。雖然學習是我繼續攻讀學歷的主要的目的，但是因為個人特質與專業，老師與同學到最後都成了我的客戶，而且我也將學到的「五力分

析」運用在保險業務上，對我的幫助很大，也讓我有底氣可以跟更高層級的客戶對話。

「董事長，我去學五力分析，我這才發現這些您以前教過我，我怎麼那麼傻呢？還要花錢去讀碩士，我跟您學就好了啊！那你可以再多教我一點嗎？」我都用請益的方式讓客戶知道我正在學的東西，以後只要碰到相關領域的問題，客戶都會來跟我商量，因為，我學過！

當我上完企管課程，我會告訴有同樣經營背景的客戶：「我今天上完九個小時的課，真的覺得你很努力，你靠你的智慧在過程中累積了財富，我希望我以後也可以和你一樣幫助很多人，希望你可以多教教我。」我在向客戶請益，同時也告訴客戶我在這方面也有所涉略，我把舞台給對方，但是控場的還是我。

常聽到很多新人告訴我，因為我的學歷只有這樣，所以我當不了主管，因為人家有碩士學歷，所以業績比較好做，但是，我並不是因為有了學歷才成為業績女王，我是因為有了「學力」讓我不斷精進，實力翻倍，一路唸碩士只是水到渠成。如果有機會，我會把第二個碩士唸完，甚至繼續進修，因為我看中的不是畢業證書那一張紙，我看見的是那個因為學習而更強大的自己。

不怕萬人阻擋，只怕自己投降

包山包海超有料

有一次搭捷運拜訪客戶的時候，瞥見捷運站旁的房子側面貼了一則學校假日班招生廣告，上面寫著只要國中畢業即可就讀，我眼睛一亮，立刻跑去報名。那時候我選擇的是資料處理科，我很感恩當初的決定，這在現在看來是相當有遠見的一次自我投資，不但讓我擁有強大的資訊運用功力，直到現在我所有演講 PPT 以及影片，都不曾假手他人。

在電腦還是 486 的年代，平常人家是買不起電腦的，我老公為了要讓我練習打字，找來一塊木板，在上面貼上繪有鍵盤的紙，替我做了一個愛心「替代」鍵盤，我也不辜負老公的用心，一次就過英打檢定。因為我實在太想要學電腦，老公便到中華路去替我買了一台中古的 486 電腦，我就從替老公做估價單開始練習，最後在業務工作上更是得心應手。

業務只要一開口，客戶便知有沒有。我很熱愛學習，為了要聽懂客戶說的話，我開始學習國企並研究理財工具，到外面上課，還常常複訓每次都從李傑克老師上課中學習到新觀念新規定，包山包海地學習，把所有知識都包在我的腦海裡，所以我一講，客戶就知道我很有料，跟別的業務不一樣。

我常告訴新人，有機會一定要學，學到的都是自己的，什麼都能省，千萬不要省學習的費用。只看手機上的影片學習是不夠的，而且「免費的最貴」，這個道理大家都懂，真正重要的Know-How人家是不會平白無故告訴你的，所以一定要投資自己，學好學滿。

不管學什麼，都是有用的。我還是家庭主婦的時候，便常報名百齡高中社區大學的課程，無論是算命、姓名學、生命靈數、心理、下棋、書法，任何我感興趣的課程我都會去上，這也造就了我跟誰都能夠聊，什麼年齡層我都能夠打進去。無論客戶想談什麼，我都有辦法接球。所以，有學歷不一定跟客戶有話聊，但是有學力，天南地北都能夠聊下去。

人與人之間的能力並沒有很大的差異
但每一個人心中的夢想和目標差異卻很大

苗準成長

◎新人在紮根的階段只要肯學習，就能站得穩固。我在學習的時候，我的腦袋都是客戶的名字，只要想到老師提到的案例適合哪位客戶，我都會立刻記在筆記本的邊上，而且，我不會浪費任何學習的資源，如果我學到了什麼樣的新觀念與新作法，我一定會用在客戶身上來驗證所學到的知識。

◎總結三點：

一、學習增進知能與實力，在專業上可以使客戶信服，在破冰上可以無所不談。

二、學習的內容可以與客戶做最緊密的鏈結，解決客戶的痛點。而且馬上讓客戶知道，我「隨時把你放在心上」。

三、古人說，學貴實踐。實踐是檢驗真理最好的方法。把在課堂上學到的知識運用在客戶上，是最有效益的學習。

第四章

組織篇

強強聯手億起飛

同頻共振── 強將手下皆強兵

　　火車跑得快，全靠車頭帶。火車頭的積極性決定了團隊的發展速度，但是光只有火車頭拼命跑往前，如果拖不動後面的車廂，也是徒勞無功。所以，增員的時候我也會選擇和我一樣具備高積極性的新人，因為同頻共振才能產生最強的力度，才能用同樣的步調一起往前衝。

精挑細選── 良將擇兵有術

　　很多業務為了想要發展自己的組織，拼命做增員，但是往往會發生增員初期進來的業務留到最後的人數寥寥無幾的窘境，這是因為只求量卻不求質的關係。所以我們一定要在增員的時候預先做一個「過篩」的動作。這裡並不是希望大家只挑有人脈、有背景與有學歷的人，因為如果按照這樣的標準，公司可能會損失許多像我一樣能創「億」的超級業務員。

我認為良將擇兵要有標準，其他的都可以慢慢教，我的標準只有三個：個性、經濟能力與居住地。

我是個很積極的人，所以我認為我增員的新人的積極度必須要強，我們之間才能產生最佳的配合。新人都是學習帶領他的前輩的作法來成長的，所以我希望彼此之間存在的是一種正面向上的力量，而且看的是同一個目標及方向。如果增員來的新人很積極，那麼我也應該要加倍努力，同時連帶也可以讓他有更好的學習空間，因為如果前輩是很積極的人，但是新人的心態卻很消極，那麼所產生的挫折將會加倍。

另外，我在選擇新人，也有我自己的一套獨門方法。在增員的時候，除了基本條件，我還會請對方說明自己的居住狀況；是住在家裡，還是租賃？有沒有貸款？同時也會請對方出示近六個月的存摺內容，了解他的財務狀況。為什麼來做保險要先看存摺？難道沒錢就不能做保險？當然不是！

任何人只要願意進入保險這一行，都有機會成為「億中人」。之所以要看存摺是因為，如果新人本身長期處於經濟條件不穩定的情況，容易因為錢而產生道德上的挑戰，早期保險費由業務員親收的年代，業務員挪用客戶已繳保費的案件層出不窮，

如果你的目標是源自內心希望爭取的東西
發自內心的想要就有原動力

就是因為業務員本身經濟不穩鋌而走險所造成的。當然現在繳費都是客戶可以自行繳納或者自動扣款，比較不會有道德問題，但會在保單行銷上若是因為自己的經濟所迫，偏向以高佣金收入為最先考量，則推薦客戶的保單會失去「客觀」性，這是我所不樂見的。

再來，無後顧之憂才能夠有好的表現，這是為什麼我要看新人六個月存摺內容最主要的原因。雖然現在很流行快時尚，但是快時尚的概念並不適合保險業，反而是「慢傳統」才是做好保險之道。業務本來就是一個需要時間播種經營，慢慢等待開花結果的行業，如果本身沒有準備好「生存儲備金」，那麼將很難熬過考核期。新人入行平均會有半年的等待期，我把這個階段叫做「新人自我充實階段」，讓自己學會保險這門功夫，以後才能大展拳腳。所以，被增員者不需要家裡財力多麼雄厚，但是手頭上至少要有準備過冬的儲糧，確保自己可以安心在保險這個領域努力這是最基本的。

最後，我還會把新人的居住地點考慮在內。我不願讓我的業務員每天在車水馬龍當中通勤單位來回一、兩個小時，所以住太遠的新人我不會答應他到我的服務處工作；一則浪費時間，二則容易有風險。尤其是上下班的時間，大家都趕，年輕人常常趕時

間飆車，發生意外的機率高。我希望他們可以從容上班，安心拼事業。我們都知道時間管理很重要，尤其是新人有新的知識要學習，有專業差距要追趕，時間更是要花在刀口上。一天來回兩小時聽起來不多，但是一個月下來，就少別人六十幾個小時，合計約八個工作天，這樣一年下來就足足少了三個月，是不是很驚人？與其花過多的時間通勤，不如把這些時間用來開發客戶或者是養精蓄銳。

　　增員如果挑對個性，就能夠節奏一致，新人如果有經濟支持，才能安心往前。我常告訴新人，業務的工作很難「事少」，但是「錢多」可以自己努力：「離家近」可以自己決定。要把奇蹟做成業績，其實並沒有那麼困難，關鍵在根基。先搞定自己，才能專心服務好客戶。

樂觀的態度使我們對成功有高度的期望，
所以會比一般人更成功，由於期待成功，
更能堅持到最後

優秀是被肯定出來的

很多人覺得我做事明快，自我要求高，一定很嚴格。坦白說，我是一個有所要求的人，但是在帶領新人上，從來都不採苛責與訓誡，我只做三件事，就是鼓勵、支持與肯定。因為我堅定相信，優秀是被鼓勵出來的，就像我自己一樣，自我鼓勵與他人的肯定造就了我今天的成就，我的超越與我的優秀也一樣是被鼓勵出來的。

我是個自帶樂觀氣場與自信心的人，常常自我激勵與尋求不斷突破。每年的高峰會就是我最大的一場自我挑戰，我一定卯足全力拼進首席團。為什麼要這麼拼？因為高峰會年年有，卻不是每個人都有機會能夠攀登高峰。因為競爭真的太激烈，就算是業績常掛冠，面對競賽我從來不會掉以輕心，我每一次都相當拼命，因為那是對我自己的期待與肯定。沒有人比我更了解登峰競賽的辛苦，尤其是高處不勝寒的心情。因為越站在高點的人越害怕歸零，所以我更不能讓自己失去站在高峰的資格。

累不累？很累！尤其我每年都刷新紀錄，在很多人眼裡根本就是不可能的任務，我都會努力達標。所以，如果我剛起步的時候比較晚，我們蔡董事長就會打電話來關切我的情況，他一通電

話來，我就好像打了興奮劑一樣，業績馬上衝上來。董事長真的很懂我，知道我的優秀是可以被肯定出來的，而事實證明我的優秀也值得被肯定。

　　帶人最主要的就是帶心，不管在什麼樣的位置，疲累無力的時候，一句關心就是最好的支持，一句肯定就是最大的力量。一通關切的電話，讓我知道董事長心中有我，我怎麼可能不為董事長拋頭顱灑熱血？同樣的，如果我們以同樣的方式來帶新人，新人怎麼會不努力？

苗準增員

◎選擇比努力重要,這句話放在增員上面還是一樣受用,增員者增員是為了要有一起打拼的生力軍,所以,一定要篩選過,才不會留來留去變成仇。

◎增員者不需要有多努力,只要有兩勵:鼓勵與激勵。

◎推銷不順遂,那麼轉變心態,邊推銷邊增員。

◎成功的不二法則:把行銷和增員變習慣。

◎人因夢想而偉大,因為想偉大必須付出極大的代價。

◎平凡與不平凡間最大的差距在於擁有夢想和實現夢想的能力。

◎不怕增員失敗,只怕尚未開始增員。

◎一個表現出全心投入工作的人,比一堆增員話術更吸引人。

◎一回生,二回熟,三回做朋友,四次賣保險,五次就增員。

卸掉光環之後的本質 —— 最好的領導是以身作則

　　在組織團隊裡，領頭羊是重要的角色，團隊文化決定了成員的特質，而能夠讓團隊凝結力牢固的是信任。這就像是捆著彼此的繩索，不管是下對上的信任，還是客戶對我們的信任，都不容有一絲鬆動。

信任不能破

　　保險是良心事業，我一直很強調做業務要心安理得。組織團隊中，信任是最重要的一環，尤其是身為上位者，不能因為一時的利益沖昏頭而損害組織中的其他成員。

　　曾經有一次，我去上海進行績優分享，把出發前跟客戶約定好時間要上繳的文件放在抽屜，我當時的課長不僅私自打開我的抽屜，將我預放在內的文件提前上繳，造成客戶扣款不成功，我的誠信在客戶心中瓦解了，更因此讓客戶對我到現在都相當不諒解，那是一筆規劃贈與的保單，金額每筆是兩百二十萬，總共三筆十年期的保單。

成功＝目標＋努力＋堅持

早期的保單是紙本作業，由於我必須到大陸演講，同時要等客戶換匯，而未成年者換匯有當日限額五十萬元，所以，我便先將寫好的保單鎖在抽屜裡，交代助理如果客戶換匯完成，以簡訊通知就送件。沒想到隔天助理打電話跟我說要保文件不見了，我人在外地，格外擔心，因為這樣會影響客戶的權益。後來助理告知已經被課長報件，我打了無數通電話想求證，對方卻拒絕接聽。回到台灣之後，我才知道當時的課長拿去報業績的理由是因為自己要去區部分享自己的管理方法，所以要有那麼多的業績來佐證自己，讓自己說話更有力度。這理由聽起來無比牽強，我根本無法接受，但是木已成舟，我也無力回天。當然客戶也因此拒絕了這份保單，至今無法約訪。

　　更讓我難過的是，客戶當下就收到扣款不成功的簡訊通知，覺得很沒有面子，因為他有生之年從來都不曾出現這樣的窘況，所以非常生氣，認為自己一輩子做生意的清譽就毀在這張保單上面，不管我如何解釋，客戶都不肯原諒這樣的疏失。畢竟，誠信要再建立真的需要時間，客戶很難再給出機會，我也能夠理解。但是，到現在，即便物是人非，我始終對這件事耿耿於懷。

　　有時候信任這種東西，裂開了就補不回來了。不管信任的破壞是基於直接還是間接的原因，破碎的信任是難以癒合的。要知

道經營信任可能需要經年累月，但是破壞信任可能只需要一秒鐘的時間，不可不慎。

勇敢當責

從事業務這一行，不管是什麼位階與頭銜，在服務客戶的時候會遇到的情況，多數都很類似，我這麼努力走到現在的高度，並不是因為站在高處就不會風吹雨淋，反而所處的位置越高，身上背負的責任越大，能不能夠帶好組織團隊，差別在於領導者的肩膀能扛起幾斤責任。

每次遇到狀況，我做的第一件事情是先將過程寫下來，然後再與自己對話。比如說我遇到了挫折，我會先將「挫折」這兩個字寫下來，然後寫出發生的情況，接下來，我會靜靜地盯著看，問自己：為什麼我會遇到這個挫折？如果發生這件事情是老天爺要啟發我，那會是什麼？我在這個人生階段可以做些什麼把這個挫折圓滿？從事業務工作，遇到挫折是難免的，唯有當我們真正好好「面對」挫折，才能夠釐清挫折本來的面貌，清楚要採取什麼樣的因應之道。

在這個過程中一定要對自己「誠實」，如果是因為自己的錯

成功＝三不，不要急、不要停、不要怕

誤，必須要用坦誠來將挫折圓滿，那麼我一定會將自己的錯誤誠實告知客戶：「如果您認為可以的話，讓我有這個機會一起來補救。」一般我們在錯誤結果發生之前就先覺察到錯誤，並且主動先對客戶認錯，那麼，通常客戶都會願意原諒，而且因為告知在先，所以還沒有實際造成損失，客戶也不會有太多不滿。但是如果我們藏著掖著不跟客戶明說，等到客戶輾轉從其他管道知道，那就不是簡單道個歉就可以了，如果將錯誤隱而不告而造成客戶的損失那就「大條了！」

很多人服務年資越久或是位階越高就越不容易坦誠面對自己的錯誤，因為有損面子，但我始終認為面子比不上客戶與同事間的相互信任。我們都是人，難免有犯錯的時候，一定要在第一時間主動承擔責任，勇於跟客戶和同事認錯。勇於承認錯誤與道歉不是示弱，我認為蹲低不代表是弱者，正因為蹲下來，才能有以後跳得更高的空間。

一個人如果沒有一定的本事可能無法往上晉升，但是不代表當上了主管就不需要做原本在做的事情。很多人換了位置就換了腦袋，或者是換了位置就換了姿態，這對業務工作來說都是相當有殺傷力的。

就像我今天已經做到高峰會的會長，擔任公司的總監，位階已經達到一定的高度，但是不管是會長還是總監都只是一個稱呼，不管今天我做到多大的位階，有著什麼樣顯赫的頭銜，拿掉光環之後，我的本質還是業務員。所以，我還是要盡好我的本分，服務好我的客戶。當上會長也好，總監也罷，我還是那個把客戶放在第一位的秀苗，如果真要說有什麼不同，那就是責任更大了許多。因為職位越高，責任越重。

　　沒有人可以當一輩子的會長，也不一定都能時時身處高位，但是只要我們還在保險這個崗位上，就永遠應該是客戶信賴的對象。

成功是三個相信＋一個目標
相信公司、相信主管、相信大數法則
做法是認同商品，找出目標市場
持有三個相信，持續不斷的執行力向目標邁進

苗準組織
· · · · · · · · ·

◎不是業務員的每句對不起都能得到客戶回應一句沒關係。

◎組織能不能凝聚，靠的是彼此的信任。

◎上行下效，越上位者越需要有當責的勇氣。

◎好的氛圍降低新人的不安和壓力。

◎建立良好的團隊氛圍，提供協作和支持的環境，鼓勵新人在團隊中提出問題和提出建議。

◎積極回應，提供充分的認可和積極的鼓勵，感受到團隊的支持和鼓勵。

◎組織的發展就像開分店的概念，擁有無限市場占有率。

◎擁有愛心加上耐心，才是組織發展的核心力。

◎專業，才是組織最強的領袖。

◎組織的力量來自於成員，而成員的力量來自於團隊的付出。

總監獅子心 —— 最好的愛是手放開

最好的帶領不是把新人綁在身邊，而是給新人適合的舞台，讓他們能發揮所長，飛得更高更遠。

適才培育與適性安排

曾經我有一名新人，家裡在板橋經營污水處理公司，事業做得有聲有色，但是就讀經濟系畢業的他認為自己值得高薪的工作，所以寧可在家玩手機、打電腦都不願外出低就。就這樣窩在家三年之後，一次巧合，他的爸爸媽媽在雜誌上看到我，便專程到公司來拜託我帶他的孩子。我在他身上只花了三十三天的時間，就改造了這個孩子，也改變了他的未來。

「我只給你的孩子兩年，兩年的時間一到，不管他有多大成就，請他離開我。」

一開始來報到的時候，無論我請他填寫什麼資料，他都一律交白卷，整整三天都寫不出一個字來，呈現消極抵制的狀態。我笑著對他說：「我說你打電動有很厲害嗎？有贏嗎？」他表示好

人生的目標絕不會因為定太高而錯失
只會因定太低而失敗

像也沒有：「那你在家，你不覺得你的人生很灰色，沒有亮點？那你如果以後成家，要如何去跟你的孩子說自己是這樣的？人家當兵的男生最喜歡講什麼，喜歡誇耀他當兵時的威武，你連兵都不用當，別提口沫橫飛的過去連小小的回憶都沒有，想進來努力考驗一下嗎？至少以後還可以誇口當初我在國泰如何又如何，我只給你兩年，兩年一到，不管你業績多輝煌，你都必須要轉走！」小男生想一想很有道理，便答應留在國泰學習。

由於我的年紀和他的父母差不多，所以我請他把我當成阿姨，讓他跟著我的兒子學習，因為他們年紀相仿，比較有共同的話題。果然同樣是研究所畢業的，對話的頻率一致，溝通障礙也少許多。這個孩子跟著我的兒子做了兩年之後，表現得相當出色，因為他唸經濟系，財經的底子好，講起投資保單會更精專，所以他的成績亮眼，至少每個月都能有十萬元以上收入，從此自信心大增，每天笑容滿面，整個人都燦爛了起來。

兩年之約很快到了，他堅持要留下來，我只有一個條件，就是如果要待在國泰服務就必須要回板橋工作，因為我不希望他從板橋跑到北投復興崗工作，那太遠了。雖然他在這兩年內完全像變了一個人，就算讓他上台分享投資觀念都完全沒有問題，但是我不會把他留在我身邊，一個是因為地緣，一個是在我的理念裡

面，最好的引領就是給他能夠發揮的舞台。

雖然我贊同有教無類，但是帶新人不能一視同仁，必須要有個別差異性。就像這個孩子的個性在人際關係上雖然不一定能夠拿到高分，但是具備經濟系背景，理論強又有敏銳度，讓他講醫療、講長照都不如講投資、儲蓄與財務規劃來得好。與其強迫他要照表抄課去做陌生開發，或者是勉強他去改變自己的個性，還不如讓他能夠發揮所長，這樣業績跟成就感都能夠同步增加。

在這裡要強調一點：善用新人的身份很重要。比如說，現在有很多從護理師或者是教保員轉戰保險的新人，這類有特定背景的新人就要按照他們的特性優先安排業務內容。如果是護士背景的新人，起步安排他們去講醫療保險、重大醫療保險或者是長照相關保單。如果是保母背景的新人，就可以按照現今孩子教育需求，為客戶做退休安排以及教育基金規劃，因為他們有相關的背景與知識，所做出來的規劃、說出來的話，甚至展現出來的自信，特別能讓客戶信服，同時也更容易成交保單；反之，如果一開始要求他們去賣投資型保單，他們可能面對的挫折會相對高。

很多人高喊新人帶不動，其實主要原因是沒有放在適當的位置讓他們表現。適才培育與適性安排可以讓新人快速建立信心，

心中有目標，千斤重擔我敢挑
心中沒目標，一根稻草壓彎腰

這是創造業務成效最快的方式。

易子而教會更好

通常我只增員但是不會親自帶，我會交給與新人契合且我對他有足夠信任的優秀同仁來帶領，就連我自己的兒子說要跟著我做保險，我也是毫不猶豫將他交給了我的同事來帶。

我的兒子以前超級排斥保險，但知子莫若母，因為知道他是個優秀的好苗子，我非常想要他能夠成為我的衣缽傳人，但他已經決定畢業後到台積電工作，我也只能尊重他的決定。在他交大研究所畢業尚未到台積電報到的空窗期，正好我受邀到北京大學演講，於是我帶他去親眼看看電視上的天安門為由，讓他隨同我一起到北京。邀請我的張總知道我要帶兒子同行，非常熱情地安排了機票與住宿。

兒子一直以為我只是一個每天早出晚歸做保險的普通歐巴桑，直到跟我去了北京大學，他才知道原來自己的媽媽搭的是商務艙，接受的是最高規格的落地接待，演講的場地是最高學府北京大學，而來聽講的都是頂尖的學霸。當天在講台底下萬頭鑽動的場面與掌聲不絕於耳的情景震撼到他，他整個人驚呆了！

原來，做保險也可以這樣！在回程的飛機上，我看見他眼睛裡的光，他對我說：「媽媽妳好偉大喔！我沒有想到做保險也可以這樣，我也要跟著妳做保險！」

好不容易過去抗拒的兒子看到保險的前途一片光明，打算主動「投誠」，我應該要感到高興才對，但是我第一時間拒絕了他：「我不要一時衝動的決定。」他再三表示自己不是一時衝動，是真心想要跟我一樣。我答應兒子之後並沒有讓他跟在我的身旁，而是先安排他到朋友新成立的保經公司學習。他果真展現了驚人的決心，每天七點就到辦公室報到，保險專業考試也一次就通過，全辦公室的長官愛他愛得不得了，不僅予以高度肯定且對他照顧有加，在報升的當下，他還是毫不猶豫的對我表示他想要回到我身邊。

他想待在我身邊學習，但是這一次我還是把它交付給我旁邊一位東吳碩士畢業的年輕人。雖然一開始這個年輕人很不好意思想婉拒，因為接手不是自己增員進來的新人，就像白白收了一個天上掉下來的禮物。但是我觀察過他的特質，肯定他是個可以把我兒子帶好的主任，所以我很放心把兒子交給他，兒子也學得很好。

活出生命的熱情，態度決定勝負，堅持才有力量

就像獅子王訓練小獅子一樣，會讓小獅子努力學到從坑底爬上來的能力。所以就算平常有機會，我會帶著兒子跟我一起去服務客戶，讓他有機會看著我如何跟客戶交談與應對。他如果有任何疑問，我也會在事後說明，但是我也很明確告訴自己的孩子「我是神，不是土地公，我不會讓你有求必應，你必須要自己也很努力，我才會幫你。」

很多增員者在選擇增員對象的時候，都是先增員自己的親友，帶在身邊的好處是知根知底，彼此容易配合，但也有一個隱形的致命缺點，因為太熟了，在「指導」上容易打壞感情，在情感上更容易公私混淆，反而彼此都不好做事。如果當初我的兒子是直接在我身邊做事，我們的溝通一定會起衝突，所以我易子而教。現在他已經是帶領十九位同仁一起拚搏的小主管，這證明我的易子而教是對的。

我覺得每個增員者都應該要有一點放手的勇氣，保持一定的距離，對於新人，我們要給予支持，但也要允許他們有更大的成長與學習空間。每個進來國泰的新人都是為了國泰而奮鬥，大家都是組織裡的一份子，新人好，國泰就好，這樣想，是不是就寬闊很多？

苗準領導

◎領導有三R：把對（Right）的人，放在對（Right）的地方，
做對（Right）的事。

◎領導不需太用力，但是要慧眼獨具。

◎領導人的基本條件：正面能量和樂觀進取的心。

◎談到領導，務必少說話多做事。

◎領導就是針對市場變遷，如何做出正確的選擇，與對手競爭。

◎能力固然重要，見識才是準則。

◎領導人親身完成，自己要求下屬的工作，坦誠、信賴、和諧油
然而生。

人生沒有彩排永遠不能重來
想的做不到，做的想不到

第五章

新人篇

心態決定薪態

舒適圈外的無限薪可能

新人不要擔心沒有好表現,因為業績藏在付出裡。一個好習慣能夠換來五百萬保單;一個好觀念能夠得到一輩子挺力相助的大客戶。只要擁有好的工作習慣加上時時刻刻對不同人分享保險觀念,勇敢踏出舒適圈的保險新人,也能開創無限「薪」可能。

價值五百萬保單的好習慣

當專業都在一定的基準線上,能夠讓客戶另眼相看的是一個人的特質與教養。好習慣也能吸引業績上門,感恩的心更能帶來福報。

我的兒子因為聽了我在北京大學的演講,毅然決然拋開交大化工碩士的背景,投身保險業;離開舒適圈,從零開始。他剛開始做保險的時候,在徵得客戶同意之下,我會帶著他去「見習」。兒子第一天上班,我便帶著他一起去拜訪一位行事作風相當明快的董事長。當天秘書泡了兩杯咖啡招待我們,我們邊喝咖啡邊等董事長進來。

這名董事長素有「省話一姊」的稱號,通常只給我十分鐘說明保單,所以解釋商品必須簡潔有力,快速切中要點。由於在那

之前已經做過說明，那一天是專程為簽約而去的。董事長進來之後節奏明快馬上地簽好大名，我們就立刻收好東西準備離開。就在離開之前，兒子做了一個動作，讓他在進公司的第一天就簽到了一張五百萬的保單。

五百萬？！他做了什麼了不起的大事？

他不過做了一件每個人都會做的小事：他把兩個咖啡杯端起來，拿到茶水間洗乾淨，吊掛好。就這樣？對！就這樣！

由於我很重視客戶的觀感，在拜訪前我便事先徵詢過董事長的意見，表示自己的兒子是交大研究所畢業，剛來國泰服務的第一天，想要帶他隨身見習，在獲得了同意之後，董事長知道陪同我一起出席的是我的孩子。就在我陪董事長走到電梯口的時候，她的眼角餘光瞥見我兒子在茶水間洗茶杯，轉頭問我：「妳的家教為什麼這麼好？」並且表示這麼優秀的年輕人應該要好好支持，想要將自己剛剛簽好的保單經手人改寫成我兒子的名字。由於那份保單已經簽定，而且正值海外高峰會競賽，我需要這筆業績，所以就婉謝了董事長的好意。董事長也非常爽快，直接說：剛簽的保單再簽一份給孩子做業績。於是，我兒子就因為這樣一個好習慣，讓他一件保單上高峰。這張保單成為了兒子在保險業

的定海神針，讓兒子很有信心的在壽險業發揮，當年我們母子雙雙登峰，一起出國參加海外高峰會。

兒子的第一張保單讓我深深體悟到：成也習慣，敗也習慣；不要忽視面對客戶時一個小動作。選擇業務這一行，一定要對自己的言行舉止與習慣有所要求與期許。因為能夠影響一個人運勢的最終原因不是家世背景與專業經歷，而是習慣。一個人的習慣好，業績自然會好。不要擔心自己沒有優勢，教養也可以是優勢，因為好的專業訓練可以短期而就，而好的教養則需要時間培育，這不是任何人可以輕易凌駕的。而我的習慣也養成我任職22年來沒有遲到紀錄。

好觀念得到一輩子相挺的大客戶

國泰展業單位有一個很棒的制度，就是給予新人兩百位客戶的拜訪名單。由於第一張保單便成交了五百萬元，這給了兒子莫大的信心與鼓舞，認為做保險真的是太好了！所以對於手上的兩百位客戶，也非常勤於拜訪。

有一天，他非常幸運地拜訪到了一家銀行的董事長夫人，當天便寫了一張兩百萬的保單。這件事情讓大家相當驚訝，因為在

兒子接手之前，區主任已經拜訪了董事長夫人九年，都沒有辦法成交；同時董事長千金也在永豐銀行工作，要讓都在金融界服務的家庭，願意掏錢買別家公司保單的客戶是件很難的事情。

沒想到，自己的兒子破了紀錄，不僅成交了一件兩百萬的保單，後面又陸續成交了多件；幾乎每次拜訪，都有保單可以規劃。資深業務都攻克不了的老夫人為什麼會這麼賞識我這個還是初出茅廬保險新人的兒子？

最終能成交保單的原因不是因為我的兒子多麼會講話，而是他的觀念打動客戶。多數人跟董事長夫人談保險的時候，總是談定存、儲蓄跟投資，但是，對於一個家庭都是從事金融相關工作的人來說，談這些是無感的。當老夫人問：「你唸交大研究所啊？那你為什麼會想要來做保險？」兒子的回答讓她非常「驚艷」。

「我覺得保險很重要啊！因為每個人努力一生的資產都值得被守護。」也就是這樣一句話，感動了董事長夫人獲得了認同，更建立了忘年情誼。現在老夫人已經八十幾歲了，只要一通電話，兒子便會從台中趕上台北來探望她，因為這份知遇之恩常在他的心中。

真正的掌聲必須來自「自己」
一個人如果不能「自我肯定」外面的掌聲再多也沒用

感恩才能成為有福之人。對一個及格的業務員來說，專業能力是標配，教養與感恩才是能得到客戶認同與信賴的關鍵。習慣決定機會，品格決定命運，而感恩決定一個人的福報，當我們想著客戶為什麼不選擇我們的時候，先想一想我們有什麼樣的特質值得讓客戶對我們「另眼相待」？

秀出自己——你知道自己的「長板」在哪裡？

◎長板理論提到，想要成功，除了讓短板變長，還要讓長板更長。

◎對新人來說，專業與行銷技巧是要補齊的短板，但是每個人與生俱來都有「長板」，可以是能力與專業，更可以是好的習慣、正確的觀念或者是人格特質，這些都是優勢。

◎每個人都有不一樣的人格特質與家庭養成，有的人忠厚老實，有的人八面玲瓏，不一定要舌燦蓮花才能夠做業務。我們不需要成為別人，只要肯定自己有值得客戶「青睞」的點就足夠。

◎用心找出自己的特點，把它放大，只要能讓客戶看見你的好，就有機會讓客戶知道保險的好，當客戶知道保險的好，業績自然不用煩惱。

客戶是最好的師傅

從客戶身上學技巧,從挫折裡煉出黃金,每一次拜訪都是學習的機會。

被規劃書「打臉」教會我的事──銷售商品前請先銷售你的自信。

剛開始在捷運上找準客戶的時候,我曾經碰到一位董事長秘書,當我拿出名片給她的時候,她看了一眼就開始對我抱怨自己的婆婆想要加個附約,打電話到保險公司詢問過很多次,業務員都不理她,就因為自己的婆婆已經六十幾歲,要加附約比較麻煩,要帶體檢又沒錢賺,所以沒有業務員想接。

我表示可以為她服務,隔天我就立刻帶她的婆婆去體檢,由於怕老人家在檢查過程中太累,我先幫她抽好號碼牌排隊,陪同她檢查完了之後,帶她吃完早餐再送她回家。一送之下才知道我們的距離一直這麼近,原來她們是住在我家隔壁巷子裡的鄰居。

後來,這位秘書小姐告訴我董事長想要規劃重大疾病醫療險,她覺得我的服務很好,所以將我介紹給董事長。那是我第一

次見到位階這麼高的人，所以我遞上保單規劃書的時候，頭低低地做說明，不敢看著他的眼睛說話，董事長很兇地問我：「怎麼這樣講話？」就把規劃書跟名片一甩，碰！名片被甩在地上，飛來的規劃書尖角硬生生砸在我的臉上，我疼到眼淚掉下來。他大聲地叫我出去，我默默把規劃書撿起來，眼淚掉不停，離開辦公室之後，我從八樓走到一樓，出了那間公司之後心中無限懊悔，怪自己為什麼這麼不爭氣。

規劃書打在臉上真的很痛，被人家「打臉」委不委屈？超委屈！但是我心想，我絕對不可以讓自己的眼淚白流，我怎麼可以讓人家這樣對我？！我是那種「你可以拒絕我，但是絕對不可以看不起我」的個性，所以，哭完之後，整個人就像球被壓得越低，就彈得越高般，一股「士可殺不可辱」的感覺油然升起，我就把這當成是客戶給我的模擬考，我一定要考過！

隔天，我又請這位秘書小姐再幫我約時間，沒想到第二次見面，董事長依舊很不禮貌地趕我走。我實在不明究理，自己應該沒有失禮的地方啊！到底為什麼會被這樣對待？我只好請秘書小姐幫我問，當時我站在辦公室外面清清楚楚地聽到董事長大聲地說道：「等她眼睛敢看我的時候再來啦！」原來如此！我懂了！我回家之後就對著鏡子一直練，一直練，等到第三次見面，

保持積極的信心，認定自己是優秀的人
不要讓愛你的人等太久，更不要讓看不起你的人笑得太久

我就跟董事長大眼瞪小眼，比誰的眼睛先眨。

保單成交了嗎？當然！不僅成交了一份保單，之後還陸續成交了超多的保單，我和董事長還成為了好朋友，現在這位董事長已經移民國外，每年清明節回來掃墓都是由我替他安排行程、接待與吃住，由於他一年才回來一次，我原本想要全程招待他，但他認為我的安排已經相當用心，不能再讓我破費，因為他知道我們之間，不是金錢的交換，而是真心的交流。

董事長後來告訴我，他觀察到我一進門就會很有禮貌地跟每個人打招呼：「不好意思，打擾到你們，抱歉，我會佔用你們董事長一點時間」，他認為我是值得他教導的人，董事長半開玩笑地說：「因為妳是可造之材，我想用另一種方式讓你成長，果然被我造起來了吧！」

人生沒有白費的努力，也沒有碰巧的成功。有時候，被客戶洗臉很難堪，但是，不要只是跌倒喊疼，跌倒了也要抓一把沙，經驗教會我，新人不要怕被客戶洗臉，只要學到就是賺到。

一句「請你教我」換到的千萬保單

剛進公司的時候，我是公認的「全不要」業務員，公司裡沒有人想要帶我，大家都覺得以我的條件應該做沒幾天就會自動放棄，所以帶也沒有用。由於我是個被前輩「放養」的新人，除了另闢蹊徑努力在捷運開發新客戶，平常做的最多的，就是收費。

有一天，主任拿了一疊大概十三、四張的收據讓我去找一位林先生收費，還特別交代我不需要跟對方講保險，因為對方是公司退職的同事，自己本身已經做好完整的退休規劃，連三個孩子的保險都一起安排好了，每個月開給公司的繳費支票就高達三十七萬多，所以主任吩咐我：「錢收一收就好，他懂的，你都不一定懂。」我捏著手裡厚厚的收據，心想這位前輩也太優秀了，這不是老天爺送給我一個老師嗎？太棒了！

我帶著興奮的心情按門鈴，等門一開，我便躬身說道：「前輩您好，我是國泰的新人陳秀苗，希望您能夠指導我，因為我知道您是一個很優秀的國泰退職同事。」來應門的前輩相當訝異，過去多數打電話聯繫的業務員，因為完全沒有後續利益，都是收了錢就走，只有我是登門來收錢「請益」。他很開心，連忙將我請進屋，這一待就是四個小時。

人生是一場馬拉松要具備百米的衝刺能力
更要具備馬拉松的「耐力」與「實力」

前輩除了在專業上協助我，更是不藏私地分享了很多專業書籍與業務員的「眉角」，我永遠記得他告訴我的一句話「做保險被人拒絕是應該的。」這句話真是對我影響深遠，在往後的日子裡，只要遇到了較為嚴謹的客戶，我都會先問自己，我有哪一點是不會讓人家拒絕的？如果沒有，那麼被拒絕也是正常的。很多新人會抱怨自己常常被客戶拒絕，但是別光想著別人拒絕你，當別人拒絕你的時候，你要想想，我憑什麼不讓人家拒絕？

想要不被客戶拒絕，首要的條件一定是專業，再來很重要的一點，出發點就是真心為客戶好。當我告訴客戶他保單缺了什麼保障，這麼做並不是為了我的業績，而是身為一個專業的保險業務員，在善盡告知的責任；同時，這個動作也是將問題拋回給客戶：「您願不願意為您的家庭付出責任？」客戶會去思考自己的作為對於家庭的影響。

如果客戶有什麼樣的想法，我會詳實參照在建議書中。通常一份保單建議書，我會送三次，調整到客戶最滿意的程度。至於最後的結果，交由客戶來決定，我能做到的就是善盡在過程中的每一份責任，然後，尊重客戶的選擇。若客戶拒絕建議書的內容，我會請客戶親自劃掉，並且簽名，除了維護客戶權益，也表示客戶對自己的決定負責。如果客戶拒絕我，我不會難過，因為

我跟客戶分享的是他所需要的，如果被拒絕，損失的人不是我，我會告訴自己「我只負責努力做好自己，盡全力為當下這件事投入一切而已。」

除了多了一個師傅，我還成交了主任口中不可能成交的保單。能夠收保費收到成交千萬保單，這靠的絕對不是舌燦蓮花，而是我虛心求教的態度。這段經驗讓我發現，比獲得千萬保單更貴重的禮物是：我從此不再害怕被拒絕。

把別人最頭痛的問題當成自己的商機
想的都是問題，說的都是道理，做了才是答案

瞄準口袋名單－練出基本功

◎我真心覺得國泰很用心，對新人很照顧。

◎因為公司會給新人 200 個客戶的名單，形形色色的家庭都有，新人可以從這兩百個客戶的拜訪過程當中去學習。每一個家庭都是練習業務力的對象，如果被拒絕，可以練習被拒絕的因應，如果是長輩，可以練習如何跟老人家培養感情，融入客戶的家庭，建立信任。

◎除了業務力之外，每一個客戶也都是一個故事，在拜訪的過程中，可以從他們的成長背景學習到不同的人生經驗與處世之道，是相當棒的收穫！

◎就像那句大家耳熟能詳的話：「如果老天爺給你一顆檸檬，就把它做成檸檬汁」；如果國泰給你兩百個名額，就把他們變成兩百個老師！

你缺的不是運氣是刻意練習

你相信「練習」還是「天賦」，我的答案是，我肯定天賦才華，更相信刻意練習。

新人很怕自己沒有天份，但後天的練習可以超越天賦的限制。如果一個人自帶業務員 DNA，可能可以在短時間到達一定的高度，但是缺乏練習與修正系統，也很難能夠再繼續往上。

很多人認為成交大保單要靠運氣，但是與其坐等天上掉下來的禮物，還不如靠自己的實力爭取。新人想要有實力就要加強練習。我曾經因為不敢正眼看客戶被洗臉，天天拿著鏡子練習到可以跟客戶大眼瞪小眼，而還是新人的我擔心保單說明不夠完善，就拿錄音機練習發聲及流暢度，不斷精進到面對什麼樣的客戶我都能夠應對自如。

練習是縮短實力差距最快的方法。不要擔心自己不會，只要肯嘗試、付出、學習；我們什麼都會！

願大！心細！堅持不放棄！
全力以赴！全心投入！達成目標
活動踏實是一切根本

從「小」練到「大」

很多人認為我能做到今天這個位階，能有今天的業績成就，靠的一定是成交千萬大單，或者是擁有資產上億的客戶，其實，能讓我一步一腳印安穩走到現在的高度，靠的是永不打烊的服務。就算是小保單，我也一樣用心付出。

曾經有一個剛出社會的年輕人跟我買了一張保單，意外險加上定期住院加起來保費一年繳一萬七千元，有一次因為車禍急診，我去醫院看他，跟他公司派來了解狀況的人談了一下，後來，他住院的時候，我親自到醫院去幫他辦理賠，他告訴我保險真的太重要，要我多印幾份資料讓他轉發給同事，後來他們公司總共有四十幾位員工請我為他們服務。

另外還有一個年輕人，保了一張年繳三千多塊的保單，雖然他一個月的保費才繳三百多塊，當他住院的時候，我在第一時間帶上水果去探望他，還幫他快速辦理理賠，並且親自把文件拿到他公司的會議室讓他簽名。

因為有保險，他住院沒有花到一毛錢，他的鎖骨斷掉影響工作總計二十八天，保險公司理賠幾乎他兩個月的薪水，當初一張

小到看不見的保單，在遇到事故的時候可以給他這麼大的支持，他相當感恩，同時還告訴公司同仁：「你看我一張小保單就有那麼大的保障，而且小小的一個車禍，秀苗姐就來了三次。」就這樣幾句話，公司上下員工包括財務長都來跟我約見面。

　　新鮮人剛進到職場，能夠做的緣故對象，除了自己的家人，就是同學或者是同事，這時候很多人會感到挫折，因為準客戶都還在社會摸索階段，沒有穩定的經濟基礎，當然不可能馬上就能做到百萬業績或者是千萬大單。但是不要小看身邊的人，他們的經濟實力會隨著年齡的增長一起變大。那新人要怎麼起步經營身邊的人呢？

　　大學生有很多社團，也很愛辦活動。參加社團跟辦活動都是擴張人脈圈最好的方法，就算是不年輕的保險新鮮人，也可以辦活動。比如說，我的兒子剛踏進保險業，最常辦的活動是「未婚男女聯誼」，每個禮拜六都在星巴克包場辦活動，這時候就會有各行各業未婚的男女出現，有的是幼稚園老師、護士或者是工程師，我也會廣發傳單給他們，甚至都成為了固定班底，有的會偕伴來感謝。所以年輕人不需要擔心沒有地方鏈結人脈，只要會辦活動就行了。

如果是你發自內心的渴望
你就能堅持到底！

服務年輕人也有服務年輕人的作法，因為同為年輕人，彼此的生活模式都接近，也很容易可以產生共鳴。我們可以很容易知道對方需要什麼。比如說機車族需要意外險，上班族需要退休規劃等等。在這裡要給新人一個建議，就是「不要怕麻煩」！因為有麻煩上門就代表有人需要我們。如果客戶有什麼需要，我們就去幫，有理賠就親自送，最好能夠找話題到家裡去拜訪，認識對方的父母、家人與朋友，如果服務到位，對方雙親與長輩都會認同，他們就是具有較高經濟能力的潛在客戶。所以，對於新人來說，幫助客戶是最好的敲門磚。

　　一回幫，二回熟，三回變成自己好朋友。如果碰到了「保險買很多」的客戶，我通常不會直接介紹產品，我只問：「那你知道你買了什麼嗎？」因為很多人買了保險經過一段時間可能不是很清楚自己買的內容，當客戶回答「不清楚」或「忘記了」，那就是我們的商機，我會告訴他們：「我幫你整理、歸納，你以後才不會又被推銷，重複的保險一直買，缺的一點也沒買到。」我這是在協助客戶，同時也是在創造自己的機會。如果客戶買得很周全，那很好，我們可以知道客戶的確實家庭狀況，以後能夠推薦他適合的商品，如果客戶有所缺漏，那不就是需要我們的時候嗎？

不知道大家有沒有發現，通常我們在擺放大石頭的時候，旁邊一定需要擺上一些小石頭讓大石頭擺上時能保持平衡，這樣子大石頭才不容易因為土石鬆動或地基不穩而搖擺，這就好比大保單跟小保單的關係就如同命運共同體一般，成交保單，多數要靠實力，也有一部分的關鍵是靠著小保單的努力累積，大保單的成交，要有一點天時地利人和的成份在內，如果還沒有實力能夠寫到大保單，只能寫小保單也要懷抱感恩，因為那剛好給是自己練實力最好的方法，寫小保單就是練手最好的機會，沒有累積就沒有實力。如果在只能靠實力的時候而沒有實力，那才是最危險的事情。能做到大保單很好，但別忘了小的保單也要不斷進來，才能鞏固業績，而且只要時間夠長，服務客戶小保單所建立的信任會滾出大雪球的效應。這些從「小」就開始培養的信任與情誼，就像放對地方的錢一樣是會複利滾存的。

　　想一想，我們會成長，客戶也是，所以換個角度思考，年輕人就是大保單潛力股；等到了大家事業有成的時候，他們的朋友家人也一樣經濟力倍增，那還需要擔心將來沒有機會做到大保單嗎？

體力不足 我就用毅力克服
能力不足 我就用時間克服

苗準年輕市場

◎只要時間夠長，小保單也有不容忽視的滾雪球能力。

◎我們會成長，客戶也是，換個角度思考，年輕人就是大保單潛力股。

◎辦活動是人脈鏈結與擴張最快的方法。

◎服務若到位，價格無所謂！

◎寫小保單就是練手最好的機會，沒有累積就沒有實力。

◎用獎牌寫日記，記錄每個階段的榮耀。

◎人生每一個階段都是最精彩的回憶，創造自己的品牌奔向未來。

解套有妙招

被拒絕？

沒關係啊！秀苗給你解套妙招。

善用每個被拒絕的時機埋一顆種子，給自己留一條後路。

新人常遇到的拒絕狀況與解套妙招：

狀況A：

客戶：「我的親戚朋友都在做保險。」

解套1：

回答客戶：「你一定要支持他，他是新人，如果你沒有支持他，他很快就做不下去了。而且，你要繼續支持他，不然你的保單會變成孤兒保單。」

用意：我在不著痕跡地說明我的穩定性與新人的潛在危機，讓客戶自行評估。

解套2：

積極表示：「新人沒關係，你也可以找，他如果有不懂的地

生命的挫折，不是盡頭，是該轉彎了

方可以回去問主管，你一定要支持他，如果他有講不清楚的地方，你聽不懂也可以問我，我會幫你講得很清楚，你可以跟他買，不用跟我買也沒關係的。」

用意：我在排隊，等著過幾天輪到我「詳盡說明」，客戶自然會比較出差異。同時，表示自己是純服務，所以客戶不會有壓力。

業務被拒絕是正常的，只要客戶沒有「下車」，我們永遠有機會。

狀況 B：
客戶：「我現在不需要。」

解套 1：
肯定回答：「你現在還沒有用到，沒關係，因為你太幸福了。」

加強問句：
「你的周遭親戚朋友都沒有發生事故啊？」
A：如果對方說有，就可以搭話繼續講保險的險種。

B：如果對方說沒有，那就可以強化：「你知道嗎？去醫院如果發生意外的時候，醫院急診室的醫生會問你什麼嗎？你有保險？對啊，所以它是必需品啊！」

用意：肯定客戶的想法，但悄悄強化缺乏必需品是危險的意識。

加強動作：
用其他輔助來換取資訊或增加連結。

「沒關係，你暫時沒需要沒關係，我的資料你這邊也有了，如果哪一天有需要，像是買汽車或者是換工作的時候，你就告訴我啊，我也有辦信用卡啊，你可以找我。」

用意：務必確認客戶在需要的時候能夠找到我們，此外，可以藉此留下客戶更詳細的資訊。

心若改變，你的態度跟著改變

苗準客戶

◎讓互動管道暢通

通常留下客戶資料之後，我會在三天後打電話給客戶，問他記不記得這個電話號碼是誰，如果他喊不出「國泰陳小姐」那我就知道他沒有存下我的電話，這時候我會提醒他：「你記不記得三天前某時某地你遇到一個胖胖的業務員？那就是我，國泰陳秀苗」，然後我會再請對方再把聯絡方式存下來。

◎又再經過三天後，我會再打電話問一次：「記不記得這個電話號碼是誰的？」經過幾次「抽問」下來，客戶一接到我的電話，就能喊得出：「我知道！妳是國泰陳秀苗」。

◎我們的通訊欄有客戶是重要的，而客戶的通訊欄有沒有我們更重要。運用方法讓自己留在客戶的聯絡欄裡，才有雙向互動。如果客戶想到我們，卻聯繫不上我們，那麼機會就不見了。

成為超級「工具人」

以前當新人的時候，只有一隻手機、一本筆記本與一盒名片就開始做保險，為了要讓自己可以盡快趕上進度，甚至超前，只要發現自己有需要改進的地方，我一定想方設法運用身邊的工具來幫助自己進步。並不是每個人天生就人美嘴甜或者是人帥善道，但是，我們可以善用工具，幫助我們成為超級業務員。

想要有自信，先做表情管理：

很多人問我，秀苗，看見妳就覺得很放心，妳怎麼能夠這麼自信？

我也曾經是個連客戶的眼睛都不敢看的膽小業務，但是，今天可以面對成千上萬的聽眾，談笑風生，面對數十億身家的高端客戶泰然自若，靠的是我在新人階段的時候，便開始有意識地進行表情管理。

在第一次在捷運站被站長提醒要記得看客戶的眼睛之後，我回去便立刻買了鏡子練習，不斷地看著自己說話，一遍一遍調整

態度改變，你的習慣跟著改變
習慣改變，你的性格跟著改變
性格改變，你的人生跟著改變

表情與神態，讓自己面對客戶的時候，看起來更有自信，於是我成功拿下第一張保單。

我以為我已經可以大方跟人打招呼，但是面對權威客戶我依然會下意識迴避，在第一次被董事長用規劃書砸臉之後，我回家抱著鏡子不斷練習，這讓我突破自己，從此能夠面對權威與高端客戶，能夠不卑不亢，無所畏懼。

自信不是天生的，是練習出來的，你看過自己真正的模樣嗎？

要自強不息，先肯定自己

所謂「自強不息」，說起來就是簡單的兩點而已：要能夠自我鼓勵，以及明確地知道自己沒有退路。因為知道自己沒有退路，所以必須往前；在前進的過程中，更要不斷自我激勵。

從年輕到現在，我每天要出門之前，都對著鏡子講：「陳秀苗，妳是最棒的！」唯有打從心底肯定自己才會生出力量。這種自我激勵是持久不會消失的。我常跟同事說，今天我演講得再好，獲得再多的掌聲又如何，聽眾的手一鬆開，我得到什麼？外

在再多的肯定，都有停止的時候，可是如果今天我們在內心為自己鼓掌，那麼激勵就永遠在我們的心中。

我常跟客戶說，我不是充電寶，我是帶著發電機的女人。因為我知道，只有自己勉勵自己，才會是永遠的激勵，靠別人鼓舞自己只是瞬間的，一下子就會消失。看著鏡子，請先愛上你看到的自己！

勇往直前，先讓自己沒有退路

除了不怕拒絕，要能自我激勵之外，行進之間，更要不斷嘗試新的路。當我們碰到了山，如果不能夠翻過去，那麼就繞路走，也一樣可以到目的地。

每一位客戶都有他的特性，願不願意成交都一定有原因。如果今天客戶不想簽下保單，那是阻力，如何把阻力變成助力，就看我們有沒有毅力用時間、服務、獎牌取得客戶的信任。

透析人性很重要，建議以利他的心態以及反饋來建立客戶關係，不要急著賣保單，就跟別急著吃棉花糖是一樣的道理。要練習耐心等待，也要練習不走回頭路，勇於找尋新方法。練久了，

人生就像騎腳踏車
方向掌握在自己手裡
用力蹬才能前進

行銷保險就像呼吸一樣自然。

想要精準表達，先錄下來聽

剛進入保險業的時候，由於大家都不看好，也沒有前輩帶，所以，什麼都要靠自己摸索。第一次有機會談保單的時候，為了讓自己可以清楚說明保單內容，我到書店買了錄音機，回家一遍又一遍說給自己聽，不斷錄音回放，發現有疏漏或者是語氣需要改進的地方就記錄下來，重新再調整過。

新人通常會有前輩帶領，同時會在新人模擬保單說明時給予適當的建議，但是，前輩能分配給每位新人的時間畢竟有限，不可能每天都能陪公子練劍，要靠自己多下些功夫，才能夠進步神速。沒有師傅領進門，我就把錄音機買進門，一樣可以靠持續練習來精進自己。

除了見客戶之前把自己的保單說明錄下來，可以讓自己口條更清晰，說明更完整，每次跟客戶約談的時候，我都會徵求客戶的同意，做錄音的動作，我表示這是要「維護客戶的權益」，多數客戶都會同意我錄音，這樣他們也比較放心。而我回家一定會反覆回放，發現自己有講不好的地方，就寫下來改進，我也從來

不擔心客戶有爭議，因為我每一句都錄得清清楚楚。

我常講保單成交是責任的開始，因為保險是「賺螺絲的利潤，擔整台車的風險」，尤其是銷售投資型保單，壓力更大。往往客戶會覺得買保險至少要保值，而賺到錢也是理所當然的，如果因為買了保單而賠錢，雖然理智上知道不是業務員的問題，但情緒上就是容易怪罪在業務員頭上。雷曼兄弟之前的報酬率都很高，很多基金甚至都有 60% 的收益，但是金融風暴的時候，沒有即時贖回的客戶就會面對很大的損失風險，而我的一百六十名客戶都全身而退。

我替客戶做投資型保單的時候，我會先問客戶存的一百萬想賺多少利潤，然後記錄下來，當客戶的投資達到他的期望值的時候，我就會恭喜客戶並問他要不要贖回來，通常客戶都會很開心贖回；但也可能遇到大漲，客戶不願意贖回的情況，這時候我會請客戶簽名確認，有了錄音，客戶的每一個決定都清清楚楚，這是保護客戶也是保護自己。

新人不要怕自己說明不好，客戶的對談就是最好的實況教材，而聽錄音改正就是最好的練習方法。我總共買了三箱錄音帶，在三年多的時間裡就錄滿了五十卷，每一卷我都標上時間、

生命就像一種回音
送出什麼就送回什麼

日期、地點及約談對象，這三年的練功時間，造就了我超強的業務力。

　　所謂最適合的工具就是最好的工具，現在當然不需要用錄音帶錄音，業務員只要有一支手機就可以走遍天下。在這個科技發達的時代做保險是業務員最大的幸福，手機有很多相當便利的APP 可以運用，聰明的新人要懂得善用手中現有的工具，拉開自己與其他業務員的距離。你聽過自己的聲音了嗎？

說客戶聽得懂的話

　　很多業務員認為要把專有名詞背得滾瓜爛熟才能夠顯現自己的專業，殊不知對某些客戶來說，整個過程都像是鴨子聽雷霧煞煞，根本就有聽沒有懂。這樣一來，聽起來很專業的介紹，往往會導致客戶因為聽不懂而望之卻步，或者是讓客戶認知上有誤解而產生購買保單之後的糾紛；在我看來，專業的業務員要能夠說客戶聽得懂的語言，不需要費太多的唇舌，客戶便能理解。

　　比如說，保險這項產品對很多人來說是無感的，畢竟在事故發生之前，保險是一種買了看不到也摸不著的東西，所以感受不到保險對於人生意外的實質幫助以及完善保單的重要性，此時我們要怎麼讓客戶能夠快速理解越完善的保單對他們越有助益？

說客戶聽得懂的話才是專業，不需要對客戶提一大堆保險的險種，只要告訴他們「電梯理論」就可以了。

　　許多業務員喜歡用降落傘來形容保險的重要，而我則很愛用「電梯理論」來說明保險的重要性以及保單完善的規劃對人生的影響，因為電梯最貼近生活，客戶也最容易理解。

　　我會告訴客戶，保險的功能就是用來保持電梯正常運作，不會突然掉落而發生危險，而每一種險種都像是電梯一條條的鋼索，越多的保障越能在電梯在下降的時候精準且安全抵達目標樓層。是不是簡單、好懂又不會忘？

我要當萬能鑰鎖，什麼鎖都能開

聰明練習秀成果

◎安德斯・艾瑞克森（AndersEricsson）在《刻意練習》（Peak:SecretsfromtheNewScienceofExpertise）這本書中提到「一萬小時法則」，說明只要投入一萬小時的練習，不管學什麼都能成為佼佼者，但是，也強調了大家容易忽略的地方：光有練習的「量」是不夠的，還必須兼具練習的「質」，才會是決定個人成就高低的關鍵所在。

◎練習表情管理與口條的重點不在於投入多少時間，在於一次比一次更精進，所以，每一次練習都必須要做紀錄，找到可以精進的點來修正自己，在實際運用中反覆驗證與調整，只要每天進步 1%，一年就能夠成長 37 倍。

十分鐘打理好印象

　　業務員一定要有一顆善於觀察的火眼金睛，但別忘記客戶的眼睛也是雪亮的，當我們在觀察客戶的同時，客戶也在關注我們，所以，一定要表裡如一，畢竟業務員的言行舉止可以演一時，卻無法在客戶面前演一輩子：「做自己」才是經營業務的長久之道。

　　曾經有一位客戶在七年之內造就了我很多業績，但是公司裡有另一位創辦人，本身是受日式教育的，性情相當溫文爾雅，但是，也很有距離感。我那時候覺得自己永遠都無法服務他，因為每次跟他打招呼，他都是理性且禮貌地回應，就進辦公室，通常都是不發一語靜靜聽著我跟他家人的對話，或者默默觀察我的一舉一動，隱約有種「掌門人」把關的態勢，但是我們之間始終沒有真正對話過。

　　有一天，我結束了業務工作，剛好要離開，就碰到了這位大老闆剛從門外走進來，如果按照往常，可能就是彼此禮貌地招呼與點頭就錯身而過了，但是那一天，看著他與我爸爸相似的年紀，不知道哪來的勇氣，便脫口而出：「您可以抱我一下嗎？我

路選對就不怕遙遠
成功來自我要，目標取自決心

好想我爸爸，您真的可以當我爸爸的年紀，所以您可以抱我一下嗎？」

那時候我的爸爸往生約兩、三個月的時間，我真的好想念我爸爸，一時情緒湧上心頭，當下也沒有想太多就這麼開口了。對於一個沒有交談過的業務提出這麼突兀的要求，照理來說，對方應該是會拒絕的。沒想到那一天，他給了我一個大大的擁抱以及滿滿的愛，於是我的眼淚潰堤了，哭得像個小孩。一八九公分身高的他就抱著我，讓我在他懷裡盡情的哭，眼淚讓他的襯衫濕了一片。

那溫暖的懷抱，就像爸爸曾經給我的一樣，雖然捨不得，但是已經接近中午吃飯時間，人潮陸續湧現，如果再繼續抱下去，被員工撞見可是相當尷尬的，這時他的老婆走出來關心地詢問：「妳在幹嘛啊？怎麼哭成這樣呢？」

「我在享受父愛」，我臉上還掛著眼淚，抽搐地回答：「我好想我爸爸！」邊說著，眼淚繼續掉個不停。

「是真的嗎？」我邊哭邊點頭，她說：「來！叫乾爸！」

「啊！不用！不用！我就是今天特別想爸爸！」我連忙婉謝董事長夫人的好意，抬頭看見董事長被我眼淚浸濕的襯衫，連忙道歉：「董事長很不好意思把您的襯衫都弄髒了。」

　　「沒事，沒事，那一下子就乾了，我們一起去吃個飯吧！」董事長露出和藹的笑容。

　　認識七、八年的時間，第一次講話卻是在這麼「真情流露」的情況下，真的有點不好意思，但也正因為我的真性情，所以，我們變成了很好的朋友。

　　當天，董事長及家人請我吃了日本料理，一邊用餐，他一邊告訴我「其實妳每次來公司，我都有在默默關注妳，妳的一舉一動我都看在眼裡！讓我佩服的是，你永遠比約定的時間提早到，如果我今天約妳 10 點見面，我 9 點 50 分都在看電視的監視器，而妳每次一定都準時出現。」聽到董事長這麼說，我很驚訝！沒想到自己居然成了客戶的「觀察對象。」

　　「還有，妳從樓下走上來，絕對不會第一時間就去按電鈴，會先到洗手間把自己整理好才出來」天啊！聽到這些話，我才知道，雖然一句話都沒有交談過，原來我每次的一舉一動連小細

節，對方都會注意到，陳秀苗的形象已經深入董事長的心中。

分享這個故事，主要有兩點想要提醒大家：

第一點是，業務在做，客戶在看，表裡如一才能建立長久關係。我們常強調業務員要具備觀察力，但是觀察是互相的，不要忘記從我們進入客戶的眼裡開始，每一個行為都是客戶評估我們的項目。

第二點是，有能力照顧自己的人才有能力照顧別人，一個人的形象代表的是一個人的自我管理能力。想想，如果我們在客戶面前呈現出來的形象是一個連自己都安排不好的人，客戶怎麼能放心將他們打拼一輩子的資產交給我們？

十分鐘從容秀自己

◎我從來沒有遲到過，不管客戶跟我約定的時間是幾點，我都會提早十分鐘以上抵達，這是我對自己的要求。

◎通常我在前一天會先看好行程，安排好交通時間，並且將包包與物件整理好放在一旁，隔天一早就可以從容不迫地出門。平均我會抓大約十分鐘的彈性時間，就算過程汗流浹背、氣喘吁吁，在進門見客戶之前，我一定整理好我自己，讓客戶見到我的時候，看見的是清爽宜人，自信優雅的陳秀苗。

◎這十分鐘的寬裕，除了可以讓我氣定神閒地去面對接下來的一切，更是告訴客戶：把資產交給我，可以老神在在，把服務交給我，可以一切搞定。

◎有能力把自己管好的業務，才有讓客戶放心把資產交付的根本說服力。

◎注意每個小細節，因為業績跟魔鬼都藏在細節裡。

壓力～要有價值的壓力
堅持目標就踏上成功之路

創意來自拋開過去，創億來自在乎未來

在保險業秀苗親身實證了創億人生不是夢。想用創意創出薪億，最重要的三句話，就是：放棄過去，在乎未來，更要把握現在。

突破極限，捨我其誰

很多人做事情最在乎的是過去，總認為自己沒有好的學歷與經歷就不足以得到更好的未來，或者本身不具備什麼樣的能力，就不能夠抓住眼前可能的機會，但是，我認為美好的未來之所以可期正是因為我放棄了自己的過去，所以有了現在的能力與成績。過去我沒有漂亮的學歷，但這不代表現在我就不能具備碩士資格，過去只是一個里程碑，但絕對不是塊擋路石。

在我眼裡，人生只有三天：昨天、今天、明天。

我們都在這不斷循環的三天中走過一生，如果每個今天都能夠過得淋漓盡致，那麼每一個過去回憶起來都是甜美的，每一個未來都是精采可期的。雖然很多人會將眼光放在未來，但這當中我最看重的卻是「今天」。因為今天的一切決定了昨天是否能夠

成為美好的回憶，是奠定了未來可以更好的關鍵因素。用心過好每一個當下就能夠讓過去成為今天的養分，讓今天成為明天的基石。

不被過去所限制是一項重要的能力，能夠讓自己不被過去綁住，而弄清楚自己真正的渴望，才能讓人願意衝刺向前。很多人決定一件事情是否要做的第一件考量一定是自己「會不會」或者「能不能」，但是，我覺得找到自己真正想要的原因，比具備多少能力更重要，因為沒有「想要」的話，「會」多少就不重要，「想要」就是那一個 1，後面可以創造出「億想不到」的 0，因此，如果對於自己的未來感到迷茫，建議大家可以像我當初一樣，拿出一張白紙，在中間畫出一條線，左邊寫出自己具備的能力，右邊寫出自己不足的地方，然後透過學習去建立自己的知能，完成自己想要的一切。

「想要」比「會」更重要！我們缺乏的從來都不是能力，而是一個讓自己願意努力的目標。放心！只要足夠「想要」，就會有一百種方法讓自己「會」（具備能力）！相信自己，我們都有能力做到 Yes-We-Can!

秀外「會」中

◎每天做好準備，提升服務層次，拉高競爭力。

◎自信有很大一部分來自於「充分準備」

◎在拜訪中讓客戶感受到你的關懷，他的價值。

◎信任感來自付出的時間，關懷的過程以及分享專業的內容

◎打造專屬的文件歸納整合系統，安排的行程，一定提前一天到
　三天準備好，而下午要用到的文件，一定在上午提前進公司印
　好並妥善檢查，絕不拖延。

◎當我出門見客戶的時候當然老神在在，因為每一個專業問題我
　都能解決，手邊需要的文件與表格都一應俱全，提前抵達約定
　的地點，優雅從容，自信中展現專業。

◎真誠地看重每一天，兩點到八點之間，分秒落實我的規劃與安
　排，無論要面對什麼樣的挑戰，都能夠好整以暇，從容不迫，
　因為我隨時都準備好自己是最優秀的陳秀苗。

◎你有時時刻刻準備好要做最優秀的自己了嗎？

用打麻將的心態做事業

很多人問秀苗：「要如何才能像你一樣那麼成功？」我常笑著回答：「會打麻將就能成功啊！」

「可是，我不會打麻將？」沒關係，麻將理論我講給你聽：

想想看，打麻將的人只要約好牌咖，通常都是排除萬難，而且一定準時開打，打完四圈才會下桌，所以具備有「每場必到：不遲到、不早退」的好習慣。

再來，麻將在什麼地方都能打，不管電動麻將桌或手洗麻將桌，牌具一放，人到齊了就開打，方城之戰不挑地，環境從來都不會減損打麻將人的熱情。所以，具備有「不抱怨、不嫌棄環境、適應能力強」的良好特質。

而且，只要想打麻將的時候「三缺一」，手癢的三人一定很有默契，二話不說就立刻拿出電話拼命 Call 人，一秒都不得耽誤，直到第四人出現，完成使命為止，所以具有好的「團隊精神」。

人生就像茶葉蛋！有裂痕才入味！

打牌不但要具有「投資觀念」與「學習心態」，而且這一局打輸了，在牌推倒之後就歸零，下一局再重新拼回來，把「不怕失敗，再接再厲，勇往直前」的精神徹底落實在牌桌上。

　　輸的想贏回來，贏的想贏更多，完全符合超級業務員的心態，不到最後關頭不輕言放棄，這四圈不打完，再累都不會有人下桌，一定「堅持到底」，你看這些「活在希望中」、「積極樂觀」、「堅持與感恩」等心態，哪一樣不是成功者的要件？所以，用打麻將的心態做事業一定成功！

秀出麻將理論：

◎打麻將的人，通常具備以下九種特質，而這正巧也是成功者必
　備的要件：

　　1. 每場必到：不遲到、不早退

　　2. 不抱怨（客戶）、不嫌棄環境（沒冷氣）、適應能力強

　　3. 團隊精神：三缺一時心急如焚（為了第四人到來全力以赴）

　　4. 有投資觀念（保守、力拼都在一瞬間的決定）

　　5. 把把活在希望中：不怕失敗，再接再厲

　　6. 學習的心態（從錯誤中學習）

　　7. 堅持的心態：堅持到底，就是勝利（只要不結束就有翻盤的
　機會）

　　8. 積極樂觀的心態：勇往直前（只有聽牌才有機會胡牌）

　　9. 感恩的心態（感謝其他三人的參與）

◎把打麻將的 9 種心態放到事業上，想不成功都難！

障礙是～想像出來的
格局是～創造出來的

創造奇蹟的八個字

從家庭主婦到高峰會長，大家見證了我靠著努力創造了一次又一次的奇蹟。過程中我認為：「相信是最大的力量。」我們一定要先相信自己有足夠的能力可以創造奇蹟，相信自己可以做到，除了相信，我們更要盡全力讓自己真正做到。很多人忽略了「想到」與「得到」中間還有兩個字，那就是「做到」。道理很簡單，光是想到，卻沒有做到，那麼永遠也無法得到。反之，只要做到，就能得到，那麼要如何能確保做到呢？

秀苗之所以能夠成功，除了自己本身具備當責、無條件地願意以及能夠關心別人的特質之外，在我的信念裡，創造人生的奇蹟，最關鍵的在於：執著（Persistent）、認真（Earnest）、行動（Active）與堅持（Insistent）這八個字。

每一年比賽，為了攀上更高峰，我一定設定比前一年更高的目標挑戰自己，當目標一年比一年高，突破的當下就是一項創造奇蹟的魔法時刻。很多人看見我的成績都驚呼：「怎麼可能？！」當然可能，只要做到創造奇蹟的八個字，沒有什麼是不可能的事！

我從來不空口說白話，只要設定目標我一定廢寢忘食，全力以赴，曾經在比賽的期間，我累到用洗面皂與牙膏傻傻分不清楚，甚至重複吃了便當而渾然不覺。在那當下，我的心裡只有目標，其他的一切都顯得無足輕重。當我們專注在「想要」，那迫切的渴望就會促使我們用盡最後一分力氣也在所不惜。每每站上高峰，回想著那樣的努力與拼博的自己，連自己都感動不已。

　　如果想要成功，想要得到渴望的一切，先問自己做了嗎？願意付出多少去換來自己想要的一切？在努力的過程中，想想是不是已經努力到無能為力，是不是還能再擠出一點力氣為目標奮鬥？自己為目標的每一分付出是不是能夠拼搏到感動自己？如果答案是 Yes 那麼，能得到想要的嗎？ Of Course

沒有想像那麼難！
改變態度，發揮能力，培養習慣

第六章

服務篇

跟著超業女王
開出一片「薪天地」

業績的根本在服務——別問客戶為什麼不成交，先問服務有沒有到位。

Follow me！秀苗帶你種出成交保單的金豆豆，擁有無限「薪」天地。

第一秘技 —— 撒種育苗大全

很多新手剛接觸業務工作的時候總覺得施展不開來，想要鞏固客戶又不得其法；但其實業務工作很簡單，成功的道理就在種豆的方法裡。我們每一個人在小學的時候都種過綠豆，而經營客戶就像是在撒種育苗一樣，想要擁有生生不息的常綠客戶，就要懂得撒種育苗的撇步。不管是陌生開發還是經營舊客戶，都像是在撒種與育苗，只要照顧好每一個客戶的需求，就能種出一片生生不息的業績。

新手上路不用怕，翻開秀苗的「新手育苗大全」照著做，保證讓大家第一次做保險就上手。

會種豆就會做業務

種豆的第一步是撒種,這就像是我們開發客戶,或是與客戶分享觀念。但如果我們沒有疏鬆土壤,灌溉施肥,那麼種子就永遠是種子,不可能會開花結果。所以,掌握以下簡單的步驟,再加上時間與足夠的耐心等待,就能讓種子開花結果。

步驟一:種子輕鬆撒
步驟二:日常勤關照
步驟三:施用好肥料

就這麼簡單?對!就這麼簡單,業務工作說穿了,就是這三個步驟而已。

通常陌生拜訪就是結交朋友,而轉介紹就是廣結善緣的概念。但在這個階段通常沒有辦法判斷出哪一個客戶會是未來的潛力股,所以在這個階段就是種子輕鬆撒,有多少就撒多少。但是,撒完就可以了嗎?如果抱著佛系收割的心態,那就隨緣隨喜,但是多數我們都希望在業務這一塊能夠有所成就,所以種子輕鬆撒完之後,就要好好照顧,那要做什麼呢?

人生的成績單不可設限,人的潛能更是無限

想像一下，一般我們在種豆子的時候，不是把種子撒下去就完工了，必須要澆水，種子才能發芽；業務工作的定期拜訪就是在替種子澆水。但是植物要長得好，翻土、控溫、施肥與除蟲等養護工作，一樣也不能少。業務工作也是一樣，我們要常出現也要對客戶灑觀念、種信任、給予溫暖關心，以及施給目標產品。這些，你都做了嗎？

我們都知道種子撒下之後，需澆水照顧才會發芽茁壯。業務工作裡的定期拜訪就像是在給種子澆水，但不能拼命澆，也不能讓種子沒水喝，所以，要抓出一個適當的頻率與週期。通常我會固定一個星期到兩個星期拜訪一次客戶，然後定時分享保險觀念與知識，這些都是灌溉，最好能夠「定時定量」，只要持續去做，時間到了種子自然發芽。

在澆水的過程中，要隨時檢視種子的狀態，我們會知道哪一些種子很ＯＫ，哪一顆種子遲遲沒有動靜。如果種子不小心掉到岩縫中，我們要把它撿起來，再翻土移進土壤裡；如果種子被蟲蛀掉了，就要丟掉再種一顆；如果種子被小鳥叼走了，那就要重新再補種。所以適度的拜訪是重要的。如果業務員拜訪得少，怎麼會知道客戶的狀況好不好？撒種不是瞬間動作，過程是要花時間與心思的，可千萬別好端端地讓一把撒好的種子給晾在那裡，

不理不睬任其荒廢。

再來，種子發芽要長高必須有適當的溫度。如果我們對客戶的關心沒有溫度，那我們不僅無法走進客戶內心，客戶也不會信任我們，這就像溫度不對的時候，種子不僅發芽得慢，也長不好。所以，以國泰的新人來說，如果拿到兩百個名單之後開始做第一輪拜訪，一定要進行記錄與分類，然後根據客戶的性質做不一樣的關懷行動，對他們的需求要做出不一樣的回應與規劃，這些就是在適當澆水與照顧之餘給予適當的溫度。

最後，如果種子都發芽長高了，想要能夠花開得好，又能夠果實纍纍，那就要針對不同的植物給予適當的肥料，這就像是我們針對有退休與遺產規劃需求的客戶給予資產傳承的重要觀念與適當保單，這些就是肥料，給對植物肥料就能讓他們暴風抽高，而且能夠產出豐碩的果實，就像我們給精準對客戶產品就能成交一樣。

人脈綠手指

我常說：「新人不要學算命，因為還不到火侯。」這就像新手農夫千萬不要挑豆種，因為經驗不夠。要想成為人脈綠手指，

生活中或許有「失望」但一定不能「絕望」
總要滿懷「期望」且永不放棄「希望」

不能只靠直覺，更重要的是累積經驗。

業務員是不是新人並不重要，客戶的認同才是為你開敞大門的門票。當客戶願意將我們轉介紹給自己的同學、同事與朋友，那就是拿到「快速通關票」了。這樣的轉介紹速度是相當驚人的，而成交的業績也相當可觀，這時新人就容易建立起信心。

如果是新人拿到公司的名單，那麼很可能會碰到一家三口買的是不同公司的保單，或者是分屬於不同業務員來做服務的情況，不需要太擔心，這時候新人要做的就是「總歸戶」的動作，並尋求客戶同意讓其他家人也能夠接受自己的服務。

很多新進業務員，總擔心自己沒有潛在客戶，丟掉對未知的焦慮吧！如果手上正好有幾顆種子，請好好照顧，誰也不知道，播下的種子會不會在未來遍地開花。

瓜熟落地甜

如果我們對客戶進行有價值的對話，並且提供有溫度的服務，這就像是催熟果實一樣，收成自然又快又好。

我常跟客戶說：「我送不了貴重的禮物，但我能用關懷溫暖你的心。」因為我覺得真誠的關心是最貴重的禮物，不是物質可以比的。我有時候也打趣地跟客戶說：「我送的，你看不起；你要的，我送不起，我只有一顆真誠的心奉獻給你。」業務員是不是真心誠意，客戶是有感的，而最直接影響客戶觀感的是業務員講話的方式。業務員講話一定要有溫度，因為同樣一句話，有沒有溫度，客戶的觀感差很多，比如說「你吃飽了嗎？」跟「你今天中午吃得怎樣？菜合不合口味？」兩句話的意思雖然差不多，但是，感受差很多。

　　除了給客戶有溫度的關懷，想要撒出去的種子能有開花結果，而且剛好在自己想要的時候收成，就要注意兩件事：佈局與付出。

收成需要佈局

　　業務員除了做好播種與照顧，在收成的階段，也是需要用心佈局的。

　　很多人好奇，我為什麼能夠年年創新攀高峰？那是因為我會將客戶依照成交速度分級管理，這就像是平常在播種的時候，你

知道哪些種子是三個月就可以結果了，那麼時間到了就要記得去收成，有些種子發芽到可以收成的時間可能需要半年，有的需要長達一年，所以，分級收成是重點，尤其是年度的競賽中，大家在比賽誰的產能比較豐富的時候，什麼時間點能收成，能不能在時間點內收成的掌握度是絕對重要的。

比如，我將手上的客戶共分為三級：

A 級客戶 - 這個月內可以成交的客戶。
B 級客戶 - 需要較長時間但是確定可以成交的客戶。
C 級客戶 - 還在努力中，不確定是否可以成交的客戶。
（溫馨小提醒：這份分級名單並不是固定名單，隨時都可變動調整。）

客戶分級之後，那麼就要開始思考：我在這次競賽的時候，要靠我的 A 級客戶在比賽截止之前成交我所需要上繳的件數是多少？如果一共需要三十名 A 級客戶才能達標，我一定還會再從 B 級客戶中，找到十個將要晉升到 A 級客戶作為備用名單。為什麼要這樣？因為雖然成竹在胸，但是原先預定好的名單，可能不會如預期全部在一個月內成交，客戶可能會臨時有金錢使用的調整而改變原定的規劃，如果 B 級升 A 級的客戶不夠多，那麼，就要想辦法讓 C 級客戶可以變成 B 級，甚至是直接升到 A 級，

這樣才能夠確保固定時間內的「產能」。

業務工作最大的變數在於，不管我們多希望客戶能配合我們在哪個特定的時間內成交保單，客戶始終跟我們想的不一樣。想像一下，這就好像我們平常網購的時候，把東西放到購物車，卻不一定會馬上結帳一樣，客戶也不一定會馬上跟我們成交。那麼客戶什麼時候才會有急迫性心甘情願下單？答案是：想要、需要、一定要，三者兼備的時候。所以，要讓客戶滿意成交，先找到客戶的剛性需求。我們必須要讓客戶強烈意識到，現在手上準備簽下去的保單不是用不到的奢侈品，而是家家日常必備的必需品。

先付出再獲利

能成為業績女王，在業務經營上一定要有一套超越常人的方法，我總結最重要的點，就在於我是真心為客戶著想，所以不強求也能得。我所成交的每一件 Case 幾乎都是在同樣的情況下達成的；我並不在意，我為你做這個我能賺多少錢，我只在意，為你做這個可以幫助到你。秉持這樣的初衷，讓我能夠不求自得，千萬業績自動上門。

彩虹之美～因多色而共存
人生之美～因多人而共榮

有一次，我送鄰居太太回家後，順道拜訪住在附近的太太，這位太太是老公的老客戶。我當天決定請太太到附近的日本料理店吃飯，感謝她這十幾年來這麼照顧水電行的生意。「我現在在保險公司上班，妳那麼支持我老公，我知道妳也一定會支持我。」我們邊吃邊聊，我也向太太提起我轉入保險業的事情。

　　由於日本料理店的座位都很近，雖然大家都沈浸在自己用餐與聊天的氛圍裡，難免也會聽到別人談話的內容。隔壁的夫妻在聊著自己家裡在進行裝潢，想要設計哪些地方，由於我家本身就是水電行，也有配合裝潢設計，聽到他們好像在找設計師，所以下意識就留心了一下。當我們結帳要離開的時候，我看到那對夫妻還在為裝潢設計傷腦筋，於是我便拿自己的名片，在背面寫上水電黃先生以及電話，主動向前遞給對方：「真是很不好意思，因為真的很有緣坐得太近，所以聽到了你們在找裝潢，如果你們還沒有考慮好要找誰，我跟你們保證這位黃先生做人很好，很實在，不會偷工減料，你們可以考慮找他。」我並沒有告訴對方我嘴裡的黃先生就是我先生，只是單純想要提供給他們多一個參考的對象。

　　結果，隔天早上，上班的時候，這對夫妻就已經坐在我的辦公室等我，表示因為賣房後再買房，所以有了一筆收入，希望我

幫他們做出最完善的規劃。當天，他們買了醫療險、美金儲蓄險等總共一千五百萬的保單。我沒想到只是單純的想幫助別人，千萬保單就自動上門。

「先付出，再獲利」是一個相當重要的思維，當我們因為幫助他人而吸引到的善緣，或者是因為服務客戶得到信任而成交，都像是我們撒種之後開花結果。有道是，強摘的果不甜。當我們做到該做的，自然能有甜美豐收。

苗準客戶
· · · · · · · ·

◎讓名單永遠有效。

◎無效的名單就像永遠不會發芽的種子，再名貴的品種都沒有
用。

◎當客戶進入到我們的聯絡名單中，就要在時間內「催化」，讓
他變成「有效」的名單。

◎如何建立「有效」名單？訣竅就是：三日強化，七日過期。

◎掌握「保鮮期」很重要，通常我們留下客戶的聯絡資訊，隔天
不能馬上打電話（或發訊息），因為太急了，客戶會有壓力，
我會三天後聯繫，如果對方沒有接電話（或回應），那麼七天
就是有效期限，如果沒有讓客戶的名單有你，就算你的名單有
他，他也想不起你是誰了。

◎有一句話是這麼說的，你認識誰不重要，你是誰才重要，而對
業務員來說，認識誰固然很重要，誰認識你更重要。

總監耍「賴」好功夫──Line 進客戶心坎裡

分享關心，Line 住客戶：不銷而銷才是王道。

用愛賴著你

很多人在做保險的時候，會每天很勤快地把產品 Line 給客戶，但是會發現這樣做往往沒有什麼效果。其實這是因為多數客戶並不希望業務員只是因為產品才聯繫自己，而且一般來說，如果是跟自己沒有切身關係的文章，不管是不是很重要，通常客戶不會點開看，所以，就算傳再多也沒用，絕大多數都是石沈大海。

我從來不擔心我傳給客戶的貼文不會被點開，因為不管我今天傳什麼給客戶，我想要達到什麼樣的效果，我的賴發文有一個唯一不變的重點：客戶收到的永遠只有「秀苗關心您」。

如果我告訴客戶「董事長，我懂信託，我有執照。」客戶根本就對這無感，畢竟妳有執照跟對方無關，所以船過水無痕，聽過就忘記。因為董事長有會計師，有財務長，我就算會信託那

又如何，相較之下還嫩著。所以，我會換一個方式來表達，我會抓好特定的時間點 Line 客戶提醒他們「董事長，信託要記得申報不然會罰款喔！12 月 31 號之前，一定要上網申報哦！」當我這樣說的時候，我是在關心客戶，而且，我不僅是在傳達我的關心，我更是告訴他我懂得信託，以後有信託相關的事情，客戶就會想到要找我問一下，甚至對朋友推薦我：「問秀苗就對了，她有執照！」這就是不推而銷。

任何能夠強化自己專業的「日常生活」大小事都是切入點，例如：我去上課的時候，我一定會將老師發的講義封面拍下來，然後告訴客戶：「不好意思今天我在上課，對不起，我下課再聯繫您。」表面上是交代沒有立刻回覆的原因，實際上我是間接讓客戶知道我在充實哪方面的專業。或者，我會告訴客戶「因為你太忙了，這又是跟您有關非常重要的議題，我來幫你上課，下個禮拜我來跟你分享和您有關的課程精髓。」然後跟客戶約好的時候，我就會把我的講義帶去。因為我要讓客戶知道，我是玩真的！

有時候，如果客戶曾經有在詢問跟房地產有關的內容，而我在上課的當下，講義裡面剛好有相關的訊息，我就會趕快拍下來，然後 Line 給客戶告訴他「嗨，我今天在上課喔！我吸收到

跟你有關非常重要的資訊，我下個禮拜哪一天去跟你分享比較好呢？」我要告訴客戶，我是真的在上課學習，而且，這是跟客戶切身相關的事情，客戶自然會感興趣，我無形中就替自己開了一個門，可以順理成章地跟客戶約見面。

自我行銷是一門學問，不著痕跡而能夠讓人牢記才是最好的自我行銷。我不一定要直接告訴客戶我會什麼，我們可以換一種方式讓客戶知道我能為他們做什麼。

讓你「賴上癮」

一般業務發給客戶的文，通常都是「四好」：早上好、晚上好、我很好或者是保險很好。但是這對客戶來說，就如同長輩貼圖並沒有什麼太大的意義，因為，客戶在乎的永遠是自己實質上過得好不好，而不是你問我好不好。所以，我不會發這種客戶都懶得點開的貼文。

如果我要發重要的健康訊息或者是法規，除了有正文，我還會附上秀苗精心整理的重點，以及溫馨小提醒。因為多數客戶很忙，並沒有時間看完落落長的文章，然後再從中間去擷取需要的

技多不壓身
當我們還是隻貓的時候，記得我們的目標是要成為猛虎；
當我們成為猛虎的時候，別忘了我們曾經是隻貓。

訊息。尤其是內容如果涉及到很多專有名詞，對客戶來說是很困難的，所以我會幫客戶「抓重點」。客戶不僅可以很快知道訊息，也會感受到我的用心與關心，再者，還可以用這樣的方式，同步引導客戶去思考這個訊息與他們之間的切身關係。所以，客戶會很愛看我發的文章：「有秀苗真好，她都會幫我們注意重點。」

就連天氣變冷了，我也會發上我的關心，但我不會只有提醒客戶溫度下降要保暖，我會告訴他們，因為天氣下降會有某些疾病容易被引發，一定要特別注意相關的細節。我用生活跟時事加上重要資訊與健康常識，以最簡單的方式傳遞讓客戶理解，而且不間斷地發送我的關心。當客戶已經養成了每天看秀苗分享的習慣，在一個月裡，如果我有一、兩天的時間「停更」，客戶還會主動賴我問：「秀苗，妳怎麼了？」這時候，我就知道這些客戶是我的賴粉。

「我最近很忙，年關將近，很多朋友需要規劃贈與，一年一次，你不要忘了，你的權益喔！」我不會只說我忙，我一定會交代我為什麼忙，這時候，當客戶看到我忙的原因，就會連結到自己的需求。

如果客戶沒有馬上連結到自己，我還會再補一句「有這份保

單可以提供更多保障，你也要記得為自己多添一份保障喔！」或者是「最近在幫幾位因為心肌梗塞過世的客戶辦理理賠……天氣冷了，你要多注意保暖喔！」客戶聽到我服務理賠的過程，更能感同身受。

Line 是一個相當便利的行銷管道，但不是有 Line 就好，怎麼 Line 很重要。當客戶已經習慣我們的發文方式，也習慣固定每天要看到我們的發文，更習慣在 Line 裡面隨時提出需求，這樣我們的 Line 才真正能夠成為穩固的行銷管道。

與其每天發文刷存在感，希望客戶「看我！看我！」還不如讓客戶不能一天沒有看到我。

賴上管理有撇步

客戶資料管理

Line 除了能有效進行客戶服務與保險行銷，更是一個管理客戶的好工具。通常我加好客戶的 Line 之後，會馬上會替客戶做歸類。一般業務員對於客戶名單管理，可能只在名字上備註客

做人要有目標想成為頂尖就拿難題練功

戶的職銜，這樣就算是有做到分類歸檔了，但是我會在客戶的名字位置加註保單的數量以及在哪一年成交。如果客戶有配偶與小孩，我也會一起備註在上面，詳細到包括家屬的生日以及就讀的年級。

客戶服務時間管理

如果客戶曾經辦過理賠，我會在 Line 的記事本或者是用手機的 APP 工具同步備註，這樣我對客戶的情況就能一目瞭然，可以馬上回應客戶的詢問與需求，不需要等到回到辦公室才能調資料。光是多做這一點，就能讓秀苗的服務與其他人不一樣，又快又精確。

同時，就算我的業務很繁忙，我也會用零碎時間來統一回覆客戶的 Line，因為 Line 的特性是如果我沒有閱讀，那麼紅色的圈圈就會一直留在那裡，所以這也可以有效提醒我要即時處理客戶的需求。人家坐捷運的時候再玩神魔之塔消滾珠，而秀苗搭捷運的時候是玩賴消客戶的留言紅圈圈。我們用的工具都是手機，花的時間都是一樣的，但是成效大不同，久而久之對於事業產生的影響也不一樣。

苗準客戶管理工具

◎最常用的就是最好的，在台灣幾乎人人都用 Line，如果運用的工具一樣，專業與背景也差不多的同時，怎樣把手頭上的工具運用到極致，才是業績好壞最關鍵的差異。

◎很多業務買最高檔的手機，搭最好的配備，卻只會玩遊戲，用賴來聊天殺時間，這樣未免太可惜。管理工具越簡單越好，因為當客戶累積到一定的數量，如果管理工具與方式不簡化，那會造成自己的負擔，而影響到服務的品質。

◎不管客戶是否已讀不回，定聯是普遍性的可以讓業務從業人員有源源不絕的準客戶達成自己的業務目標，可讓客戶有觀念的溝通以及心的安定感，要獲得轉介紹也更容易。

◎人在河邊走哪有不濕鞋，落實拜訪客戶哪有不成交的。

念念不忘必有回響
艱苦的路不是任何人都有資格走

會長薪法——「價值連乘」抵萬軍

超級業務員不僅要讓自己成為客戶心中有價值的人,更要讓自己能夠不斷「價值連乘」這樣無論誰來都不可替代。

找到不可替代的「價值」

如何在眾多業務員中「同中求異」,是業績出類拔萃的關鍵。

一開始做業務工作的時候,大家都一樣,談的不是儲蓄險、醫療險、壽險或者是產險。但是一般人的收入有限,需求也差不多,不可能無限制一直買下去。當我慢慢經營到一定的時間之後,客戶該買的也都買了,我們能規劃的也都規劃完了,甚至碰到的新客戶身上該買的保險也都有了。這個時候,我們不可能讓客戶買他們用不到的商品,那麼我們要怎麼再啟動自己?於是我開始找突破點,思考我會什麼?同時開始去觀察其他業務員都在做什麼?當我發現每個人都在做同樣的事情的時候,我思考的只有一點:我可以提供什麼?可以表現出跟一般業務員不一樣的價值?

我拿著筆記本不斷在上面寫著「人」，不停一直寫，看著眼前的「人」字不斷思考：人只有兩條腿，要怎麼站得穩？想著想著覺得人真的太難了，就算事業有成也不一定能安穩，報章雜誌上有很多財產爭議，像是台灣首富王永慶也免不了孩子對簿公堂，所以，財富管理真的太重要了。在當時，很少保險業務員有能力能夠替高端客戶做財務管理，因為沒有考到證照的人是沒有辦法銷售投資型保單的。我是公司第一批考投資型保單的業務員，在沒有考古題與課程的年代，我以九十九分拿下全場最高成績，因為我沒有退路，所以我格外努力。我知道我接下來要為客戶的財務把關，我更是要全力以赴。

　　拿到證照是責任的開始，做財務管理不是紙上談兵就可以，必須要真的「會」；而且會計要懂，財報要看，否則無法跟較高層級的人對話，也無法作出完善的規劃。要知道一個業務員有沒有內容，讓他分析一下就知道，到底是只會談理論，還是能綜觀世界趨勢再結合台灣本身的經濟環境，同時又保有對時事的敏銳度，就決定了一個業務員有沒有辦法變成客戶心中不可替代的存在；而且，不只是研究財務管理，我開始轉向少有保險業務員專精的部分——分配預留稅源。我下定決心開始研究稅法，這一個決定，讓我的收入翻倍，甚至數十倍的決定。

我缺乏的從來不是能力
而是值得讓我堅持的「目標」

和別人做一樣的事，只能得到和別人一樣的結果，遇到瓶頸的時候，不妨想想，我能夠做到什麼和別人不一樣？

口袋互惠金名單

進了客戶門就是客戶自家人。我常告訴自己，如果沒有緣份的話，我是不可能走進人家的門，所以從客戶家門打開後，脫下鞋子踏進去的那一霎那，我就是客戶的家人。所以我進門一定是大哥、大嫂稱呼，而且當我們把客戶當家人的時候，我們會不願意見到家人受苦難，還會設身處地要給家人最好的。所以我的觀念很健康，態度也會很正面。

就因為我把客戶都當成自己的家人，每當我有什麼好的資訊，我都會第一時間分享給客戶，在這當中，包括我的人脈資源，我也無私分享。

我有一個南部的客戶在確診新冠肺炎之後，將近半個月的時間內，不斷反覆交叉出現陰性與陽性的反應，好不容易一整個禮拜檢測都呈現陰性，我問他身體有哪裡不適？他表示會頭暈，我馬上跟他詢問能夠上來台北的時間，在他到台北的當天幫他約好中醫，並且陪他看診。由於吃中藥之後大幅改善了他的不適，日

漸康復，所以很感謝我，一句「有秀苗真好！」就讓我覺得備受肯定。

其實我並沒有做什麼特別的事，我不過是把我口袋中的名單拿出來，找到客戶需要的人而已。

業務員口袋名單的長度，往往代表著業績的高度，所以新人會希望能夠有人脈，但能不能將人脈變成錢脈要各憑本事。在我的眼裡，人脈與客戶之間的關係不應該是單向的，應該是多向的，可以產生互利共好的循環。所以業務員不僅要有客戶名單，還要有一個可以隨時提供給客戶的人脈支援網。

不要小看自己的人脈，你認識的每一個人，對於其他人都可能產生不同的價值。

當客戶有需求的時候，不需要客戶主動開口，我們就能夠在第一時間想到自己有什麼可以提供給客戶的幫助，客戶會覺得我們真的很有兩把刷子；所以創造自己價值最簡單的方式，就是將自己的人脈做更緊密的連結。這並不需要我們額外花費精神，因為我們本來就有這樣的人脈在手中，只要我們的口袋隨時備有一些萬應名單可以隨時提供給客戶，比如說這位客戶是醫生，那位

客戶家中經營 SPA，有誰在做旅行社等等，長此以往，客戶有什麼需求就會想到我。沒有別的原因，因為秀苗就是比別人有辦法！

黃金時間與秀苗有約

由於我進入保險這個行業已經二十二年，累積的客戶與人脈有一定的數量，但是，人的一天都只有二十四小時，如果做陌生開發或者是談保單，平均一個客戶我能夠分配的時間就只有三次，從拜訪了解、規劃與說明，三次之後如果沒有成交，我要把時間排出來服務其他客戶，再有時間回來關切客戶的保單意向就可能要三個月了，這不是因為我傲慢，而是真的大家都需要秀苗，秀苗也盡其所能服務，所以，我的「熟客」都知道，要提早跟秀苗約時間，不然下次約到的時候，可能就已經等到半年之後了。

很多客戶會打電話給秀苗，問我：「什麼時候有空，輪到我了嗎？」他們都排隊等著跟秀苗聊，聊什麼？聊保險、聊規劃、聊稅務、聊傳承……聊所有他們的人生需求。為什麼日理萬機的客戶願意等秀苗，因為秀苗夠專業，從來不譁眾取寵，也具備有足夠的溝通能力，他們對我有絕對的信任。

我一直把自己定位成客戶的全方位保險醫生。因為我為客戶做的事就跟醫生做的是一樣的。一般我們去看醫生的時候，醫生一定是先替患者診斷，如果是看中醫，除了望、聞、問、切之外，醫生還會加上把脈，這是在了解病患的體況，就像我們全面性去了解客戶的資產與家庭、工作狀況是一樣的。

　　醫生會在分析完病患的病況之後做出診斷，比如說這可能會導致腸胃道感染，或者是這可能會癌細胞病變，這就是風險診斷，等到確定風險的程度，醫生會建議診療方式，這就像是我們為客戶做的保單規劃與建議書。

　　每一個客戶秀苗都相當重視，所以預約的時間就是黃金時間，我一定盡心盡力為客戶服務。我一直覺得保險是良心與責任事業，身為保險業務員是相當值得尊敬的，因為我們就像是客戶的家庭醫生一樣，為了客戶全家的身家安全把關。

　　我的專業與服務，創造了讓客戶願意等的價值。

沒有千年草坪只有萬年神木

苗準價值
· · · · · · · ·

◎一個人的本事不是存量,而是流量!

◎做一樣的事只會得到一樣的結果,要超越就必須能人所不能。

◎不光思考自己能做什麼,要進一步思考我能做什麼別人做不到
　的事。

◎用人脈滾人脈,創造不可替代。

◎同樣是服務,「能力」與「定位」決定了我們在客戶眼裡的高
　度。

第七章

願景篇

高峰有愛

進入保險業，我屢登高峰，創造了「用瓶子接閃電」的奇蹟，很多人覺得我談吐有深度，專業有程度，個性又積極樂觀，天天笑嘻嘻，總覺得我要不是生得好，就是嫁得好，不然怎麼能夠如此。我承認我的確很幸運，此生能夠擁有愛我的家人與無條件支持我的丈夫，所以在貧窮裡長大的我，才能有這麼大的能量去愛、去給予。

善行天下──身處江湖心濟世人

貧窮教會我感恩，保險支持我行善

小時候住在南投民間鄉，家裡以種茶維生。爸爸又要上山伐木掙錢，所以長年不在家。窮人家的孩子常常有一頓吃沒一頓飽；尤其是自己的弟弟年紀還小，常常晚上餓到睡不著一直哭。隔壁的阿婆人很好，不忍心看到我們挨餓，每天晚上大概七點多的時候，都會端來一碗飯，上面鋪上一點菜，從後門偷偷遞進來給我們。我知道餓肚子的滋味有多難受，更感恩阿婆對我們的幫助，可惜當我有能力能回報恩情的時候，阿婆早已仙逝，所以，我第一個念頭就是「我要養老人」。

從民國九十六年開始，我便固定將自己每個月的薪水提撥出百分之二十來做公益。比較特別的是，我沒有選擇將錢捐給慈善機構，而是直接用行動來捐助需要的人。我選擇幫助的對象是不符合政府社會救助的老人家，一來可以完成我想要養老人的心願，二來可以紓解社會局的負擔。

　　早期的內湖區由於還沒有完全開發，當地的遊民數量曾居台北市之冠。有很多農地都有遊民採食的足跡，造成當地民眾相當的困擾，而且遊民居無定所，這也造成了社會局在管理上面的困難，所以該區的遊民就成了我首要幫助的對象。

　　一開始的時候，我與自助餐業者合作，用發放飯卡的方式提供遊民餐點；我每個月去結帳，就這樣持續了一年。期間發現有些遊民可能因為身體狀況或者其他因素無法前來，因為大家都有領餐碼，如果有遊民中間隔了幾次沒有來領餐，我們會特別注意，並且盡量聯繫有關單位協助尋找，但是如果缺領的狀況太過頻繁又沒有人力追蹤，實在令人放心不下。後來為了更便利遊民，就採用在大湖公園定點發放餐盒的方式，這樣誰沒有來領，馬上就能知道，可以有效掌握人數，但是真的有人沒來的時候，還是會讓人很擔心。

不要火一陣子，要活一輩子

於是，我決定承租一棟公寓來安頓遊民與照顧他們的三餐，只要是不符合社會局救助條件的，都可以來接受照顧。由於房子有空間限制，每間房間住兩個人，而且男、女須分開，最大的容納量是十六位。如果遊民生病超過五天，就必須要由相關單位接手後續的照顧，以確保遊民的健康狀態。

　　做善事做到「包棟」讓很多人覺得不可思議。從我決定開始啟動老人公寓開始，平均每個月的開支是十五萬元。這樣的數目，可能是一般平均收入的三倍到四倍，我要怎麼能夠挪的出來？神奇的是，每到月中的時候，我計算出還有多少行善差額，到了月底，一定都能夠補齊，而且我的薪水每個月都在成長。

　　我相信只要我們有善念，就會有人來相挺。原本一整棟公寓的租金要八萬元，屋主聽說我是為了要幫助遊民而承租，覺得這是件很有意義的事，也想貢獻一己之力，當下便決定將租金折半。而自助餐廳的小弟，也主動跑來問我能不能一起做善事，願意幫忙送餐點。我認為有捨就有得，上天成全我做善事的心，不管我的願有多大，做善事的錢從來都是夠的，而且還會帶來更多願意一起做公益的人。

　　就這樣，我一直持續「養老人」到九十九年底。因為當地遊

民人數越來越少，社會局開始有能力全數接手照管之後，我便改為捐贈救護車與輪椅給醫院。在 108 年的時候，公司的副總建議我轉以國泰基金會的名義來行善，持續讓善的力量往下紮根。目前我經由國泰基金會認養了多名學生，希望可以藉由自己的微薄之力改變他們的人生。

這些被資助的孩子本身也很努力，當中有許多人考上建國中學、中山女中等名校，甚至是台大交大這樣一等一的學府；也有許多人在自己的領域發熱發光。有的專攻鋼琴、有的擅長數理，每個被資助的孩子都因為多了一雙善意的翅膀而有能力飛往更好的未來。每一年看到他們的成長與蛻變都讓我感到相當自豪，能夠讓每個優秀的苗子，都能成為屹立不搖大樹是我最驕傲的事。

我感恩保險給了我行善的平台與能力。雖然目前的我行善與工作兩不誤，但行善不能停，我曾想過，如果我可以活到八十歲，我希望最後的二十年可以掌握在自己身上，投身義工為社會作出更大的貢獻。

人生沒有白費的努力
也沒有碰巧的成功，

秀苗成林 —— 不在江湖仍有傳說

如果問我有什麼心願，我希望；當我有一天離開某個行業或離開這個世上的時候，江湖上還有我的傳說。當別人談起國泰陳秀苗，會舉起大拇指說「好！」

傳承保險精神 —— 最強大的力量是改變

我一直秉持著低調做人，高調做事的態度在經營保險。我不以外表的名牌取勝，而是以內在的專業幫助客戶把人生保障，財務規劃做到最好。

我爸爸常開玩笑對我說，三九九可以背很久。雖然我有開創千萬薪的能力，但我並不過度講究物質，就算我身上穿的是 Lu Ben Ton（路邊攤），腳上踩的是 YeS My Di（夜市買滴），那並不影響我的氣場跟專業。一個人之所以能夠讓人尊敬是因為人格，而不是外表。如果沒有那樣的氣質，就算手上帶一克拉的鑽石，別人也會覺得是玻璃的，所以，光憑外表無法判斷一個人。

就像很多人看我的談吐以為我是在都市成長的小孩，卻未曾

想過我是個在窮鄉僻壤的山上長大的孩子。我畢業後的第一份工作是在成衣廠，要賺錢養家與支持弟弟的學業，走的是相當傳統的路線。當時與先生認識是經由親戚介紹的，直到訂婚前，我才真正到過他家拜訪。我原以為自己家裡已經夠窮了，沒想到未來先生家裡的「窮」，更是令我瞠目結舌。

　　在我拜訪未來老公的家時，充分體會到什麼叫做「一山還有一山高」，當時未婚夫的家住在要走上好幾十分鐘路程的山上，羊腸小徑沒有交通工具可以到，只能用雙腳決定到達的時間。家裡是用鉛板搭建成的屋舍，晚上睡覺的床是用一根根竹子排列而成的，上面鋪著厚厚的舊棉被，我和未來的小姑一起擠在蚊帳搭蓋的床上，未來婆婆還特地交代我：「如果看到有一條長長的東西在動不用怕，牠不會鑽進蚊帳裡。」我一整個晚上緊張到睡不著，也不敢翻身怕驚動未來的小姑；想上洗手間也不敢上，因為洗手間在戶外，沒有燈光。我忍了一晚，隔天一早上洗手間的時候才發現裡面連馬桶都沒有，只有一條長長的溝。

　　天啊！我回家立刻哭喪著臉對阿嬤說：「他們家怎麼長這樣，我不要嫁了！」阿嬤只回問了我一句：「妳嫁的是人還是他的家？」當下我就像醍醐灌頂一般，沒錯！選夫當以人品為重，我嫁！結婚多年之後，我才發現阿嬤真的很有智慧，我的確嫁了

一個很好的老公，不僅踏踏實實經營水電行，還無條件支持我從事保險業，在我需要的時候還義無反顧當起全方位後援，開著車帶著我東奔西跑見客戶，甚至進廚房當家庭煮夫也不含糊，讓我無後顧之憂，全力登峰。

秀苗因為有愛，所以也有能力愛人，而我認為最大的愛就是用自己的能力去改變一個人的人生。在保險業服務的時候，我用專業改變客戶的人生，這是我最有成就感的事，但是我不可能永遠都在崗位上，總有從保險界退休的一天，我的人生下半場，除了能夠專心公益，我更希望能夠傳愛給更多的人，所以，我想要把一個人的力量，變成一群人的力量。

一個人的內心有沒有強大的力量，看的不是外在的武裝，因為一個人的談吐與深度就是最好的裝扮，一個人的氣質與良善就是最好的衣服，我認為真正的強大是能夠讓別人也能一樣強，改變是最強大的力量。所以，我計劃將來在退休的時候，系統性地將自己二十幾年的保險經驗以及專業知識傳承給需要的人，只要願意學都可以到秀苗的教室裡來。

活出精彩人生 —— 轉不轉身都華麗

秀苗因為有保險而有助人的平台，保險因為有秀苗而讓更多人更好。

二十幾年來，從新人到現在，客戶只要看到秀苗，就看到力量與光，秀苗可以自信地告訴大家，我之所以能夠光彩照人不是因為身上總監、會長與行銷女王的光環，而是因為有誠信與愛。

榮譽跟誠信是我的第二生命

我常以「選擇你的高度，創造自己的格局」這句話與同仁共勉，因為我相信自己的高度與格局是可以自己決定更可以無限寬廣的。每一天，我都會問自己這幾個問題：妳今天對得起自己的工作？對得起客戶？對得起自己領的那份薪水？貪圖一時的利益，就像是在自己身上埋一根針，不知道哪天針針相連的時候，就引發七星連結大爆炸。我情願不要業績也不願意違法，這是我一路走來的堅持。

很多人做事情都要先在心裡盤算過，想好會得到什麼才要怎麼做，但是太過於目的性，往往得不到想要的結果。畢竟到了這

把年紀，很多人都是看破不說破，但是感受最真實，每個人心裡都有一把尺。所以我寧可傻一點，也不要長八百個心眼，真誠不欺就是我每天能夠安睡到天亮的定心丸。

我不當你的過客，我要當你的貴客

我對客戶從來都沒有差別心，都是真心相待，因為每個客戶都是我的貴客，而不是過客，同樣地，我不當人家的過客，我要走入客戶的心，當客戶心目中真的有一定位置存在的貴客。我們彼此都是生命的貴客，我一直真心相信，只要是善的付出，就會循環回來。在很多人的眼裡，這樣子很傻，但是我認為沒有這股傻勁，就無法成就今天的秀苗。

很多客戶很期待退休之後的我能再創奇蹟，我很感恩客戶對我的肯定，但是我不會等到退休之後再來所謂的「華麗轉身」，我相信我不管轉不轉身都華麗。對我來說，陪伴客戶的每一天都是踏實且豐盈的，每每在夜深人靜的時候，獨自一人翻開日記，看著上面記載的點點滴滴都會忍不住掉下眼淚。這一路走來，有辛酸也有喜樂，我堅定相信人生只要你用心做了，輸和贏都是精彩！感恩上天讓我走進了保險，秀苗才能擁有這麼精彩、有挑戰性且有意義的每一天。

擇一業，終一生；活出屬於自己的風采。

　　當初的一個決定，讓秀苗擁有了無限的可能，創造了無數的歷史輝煌，堅持拼搏的人生，也讓秀苗擁有不一樣的二十二年。

　　我的人生奇遇，猶如連續劇未完待續⋯⋯

　　　一切的困難，都是為了幫自己變得更強大

後記

致國泰人壽

親愛的長官和同事們：

人生如天氣可預料，卻常常出乎意料，秀苗從國泰退休了，你們意外嗎？是真的唷！

當我 22 年前自己來到國泰人壽時，我是一名從事家庭手工的婦女，沒有背景、沒有經驗、也沒有學歷，當時我對自己的前途感到毫無希望及徬徨，不知道要去往哪裡，該往哪裡找尋支持和幫助。

然而，國泰人壽給了我一個機會，讓我能夠在這裡開始一段新的旅程。儘管經歷了許多挑戰和困難，但是有幸和一群優秀、慷慨及熱情的同事們一起工作，一起進步。在這段過程中，我學到了很多技能和知識，開始成長和發展自己的專業能力，我也對公司的文化和價值觀有了更深入的了解和體會，學會了合作、創造和共享。

從我報名加入國壽的那刻起，我感受到公司強大的人性化和包容性文化。在這裡，每一個人都被接納、鼓勵和支持著，絲毫不受外界背景、性別、年齡等因素而影響。我感謝公司不侷限於我的經驗、學歷或技能，而是給了我無數的機會，發揮我的才華和熱情。這讓我能夠在許多項目中創造出了可喜的成績，並在行業中贏得了尊重和認可。

在我退休之際，我想特別感謝公司長官和同事們，我永遠不會忘記這些年來你們給予我的支持、鼓勵和機會，我會用心珍惜這些難忘的回憶，並將它們永遠銘記在心。

最後我想對公司說一聲：感謝你給了我這個舞台，我特別珍視這份來之不易的機會，雖然我即將離開國泰人壽，但我的心永遠與它相連，並為我在公司所度過的時光感到驕傲和榮幸。

感恩再感恩！

陳秀苗感恩告別國泰舞台

後記

最親愛的客戶～

　　您真的是我的生命中重要的一部分。沒有您的支持和信任，我無法成為今天的自己。在這條充滿感情的信息中，我想表達我對您的感激之情。我很慶幸能夠有機會為您提供服務，並為您的需求和要求而奮鬥。您的信任和支持是我最珍貴的財富，這讓我感到非常幸福和自豪。無論何時，我都會盡我所能，為您提供最好的服務，讓您感到無比滿意。再次感謝您的信任和支持。願我們的關係繼續長存，並共同見證我們的未來。

　　112/10/05 我已從國泰人壽退休，一張保單一世情，秀苗在不同的平台，對你負責，服務永續不打折唷，勿忘我喔！

秀苗（敬禮）感恩有您

企管銷售 58

總監創億學

會長超越雙贏的魔法時刻

・作者　　　陳秀苗
・主編　　　陳秀苗
・美術設計　張峻榤

・發行人　　彭寶彬
・出版者　　誌成文化有限公司
　　　　　　116 台北市木新路三段 232 巷 45 弄 3 號 1 樓
　　　　　　電話：(02)2938-1078 傳真：(02)2937-8506
　　　　　　台北富邦銀行 木柵分行（012）
　　　　　　帳號：321-102-111142
　　　　　　戶名：誌成文化有限公司

・總經銷　　采舍國際有限公司 www.silkbook.com 新絲路網路書店

・出版 / 2023 年 11 月 初版一刷
・ISBN / 9786269603077（平裝）
・定價 / 新台幣 380 元

國家圖書館出版品預行編目 (CIP) 資料

總監創億學：會長超越雙贏的魔法時刻 / 陳秀苗著 . -- 臺北市：誌成文化

有限公司 , 民 112.10

232 面；17*23 公分 . --（企管銷售；58）

ISBN 978-626-96030-7-7（平裝）

1.CST: 保險業 2.CST: 保險行銷 3.CST: 職場成功法

563.7　　　　　　　　　　　　　　　　　　　　　112017026